子どもの幸せを実現する学力と学校

――オーストラリア・ニュージーランド・カナダ・韓国・中国の「新たな学力」への対応から考える

木村裕・竹川慎哉　編著

はじめに

人間力、就職基礎能力、社会人基礎力、学士力、キー・コンピテンシー、リテラシー、汎用的能力、21世紀型スキル、生きる力、21世紀型能力、資質・能力……この20年弱の間、学校教育で育成すべき能力として教育政策や提言、各学校の教育実践研究において使用されてきた数々のことばである。そして、これらの必要性を主張する背景として、グローバルに進行する知識基盤社会、情報化社会という社会像、またその変化の早さが強調されてきた。すなわち、「知識・情報・技術をめぐる変化の早さが加速度的となり、情報化やグローバル化といった社会的変化が、人間の予測を超えて進展するようになってきている」社会状況の中で、子どもたちに「変化を前向きに受け止め、私たちの社会や人生、生活を、人間ならではの感性を働かせてより豊かなものにしたり、現在では思いもつかない新しい未来の姿を構想し実現したりしていくこと」を期待する、という論理である（中央教育審議会「幼稚園、小学校、中学校、高等学校及び特別支援学校の学習指導要領等の改善及び必要な方策等について（答申）」）。

こうした動きは、世界的に共通する自明のことのように語られてきた。経済協力開発機構（ＯＥＣＤ）による国際学力調査ＰＩＳＡ（Programme for International Student Assessment）が実施されて以降、この動きはいっそう加速し、具体的な知識そのものよりも「能力」の形成が強調されてきた。「ＰＩＳＡ型」学力、言語活動や活用学習が推進され、資質・能力ベース、探究学習に重点を置いた新学習指導要領（幼小中は２０１７年３月、高校は２０１８年３月告示）に至っている。

「学力向上」という大義名分のもと、こうした「グローバル化」「知識情報社会化」といった流れを問い直すことなく、とにかくその流れに遅れてしまってはならないという強迫観念に駆られた対応が進められてきた。しかし、私たちはいったんこうした社会・教育状況を立ち止まって考えてみる必要がないだろうか？　つまり、グローバル化への学校教育の対応というのは、現在の日本で行われているような方向性しかないのだろうか、ということである。グローバル化といいながら、それは能力の標準化を意味していないだろうか？（能力の多様性が担保されているのか？）、グローバルな能力が不平等を拡大再生産してはいないか？　経済のグローバル化が前面に強調されるなかで見失われている別のグローバルな課題がないか？（グローバル化する貧困、環境汚染、人権侵害、多文化状況、平和などの諸問題）。

こうした問題を視野に入れながら、現在の日本で目指されている学力の実態は何で、そこにどのような問題があり、またどうつくり変えていくことが課題となっているのかを考えていく必要がある。

本書では、こうした状況への取り組みの展望や課題を国際的視野から検討するとともに、そこから今後の学力形成に向けた有効な知見を導き出すことを試みたい。それは、いかにしてグローバル・スタンダードのコンピテンシーを形成し、「学力向上」を図るかの議論ではない。本書が目指したいのは、「今」社会的に必要と言われている能力だけでなく、「今後」子どもたちが自らの生活と社会を選択的に創り出し、自分たちの「幸せを実現する」能力を形成するために学校では何ができるのかを提示することである。

そして、そのためのアプローチは多様にあり得ることを各国の事実から提示したい。具体的には、日本の現状認識から出発し（序章）、オーストラリア（第1章）、ニュージーランド（第2章）、カナダ（第3章）、韓国（第4章）、中国（第5章）において、今後求められる学力がどう捉えられ、どのように育成に向けた取り組みが行われているかの一端を明らかにする。その際、グローバル化の流れ、歴史的・文化的なものの影響、多言語・多民族の社会状況、経済戦略、政治状況など、その国での「学力／能力」を規定する社会的要因に目を向けつつ、それらがどのように学校での教育実践に位置づけられ、生かされようとしているのか、あるいは矛盾を生み出しているのかについて、カリキュラム構成や授業、教材レベル、学校づくり、教育制度などの多様な切り口で検討を深める点が本書の特色である。

各章（各国）の取り組みを通して、日本における学力形成の取り組みを相対化し、それによって読者が別のアプローチのヒントを得ることができれば幸いである。

竹川　慎哉

目次

はじめに …… 2

序章　日本における「学力形成」の語られ方 …… 11

1 「能力」論議の動向――「○○力」の時代 …… 13

2 「学力向上」という語り方 …… 17

3 「学力格差是正」という語り方 …… 21

4 学力の内実を問い直す学力保障へ …… 24

第1章　持続可能な社会の実現を目指すオーストラリアの学校教育
――「持続可能性のための教育」の取り組み …… 29

この章で考えたいこと……30
1 オーストラリアの学校教育に見る多様性と統一性……32
2 EfSのカリキュラム開発を支える取り組み……36
3 南オーストラリア州におけるAuSSIの取り組み……40
4 持続可能な社会の実現を目指した学力の育成に向けて……46

第2章 学校の自主性・自律性を基盤としたニュージーランドの教育実践
──児童・生徒に求められる学力とその育成……53

この章で考えたいこと……54
1 ナショナル・カリキュラムの概要と位置づけ……57
2 教育アセスメントの概況と展開……63
3 学校群に基づいた教育実践……68

第3章 社会的正義の実現に向けた学力

――カナダ・オンタリオ州の取り組み …… 77

この章で考えたいこと …… 78

1 多文化社会カナダ・オンタリオ州 …… 80

2 オンタリオ州において目指される学力像
――卓越性と公正の追求 …… 81

3 卓越性と公正とを追求する教育実践 …… 87

4 カナダ・オンタリオ州からの示唆 …… 97

第4章 学力・能力観をめぐる教育改革

――韓国のキー・コンピテンシーの策定とその課題 …… 103

この章で考えたいこと …… 104

1 韓国のキー・コンピテンシーを巡る議論 …… 107

2 「韓国型未来のキー・コンピテンシー」の枠組みと内容……113
3 キー・コンピテンシー教育の意義と今後の課題……119

第5章 実践力や創造性を身につけた子どもを育てる「素質教育」
——中国・上海のカリキュラム改革に見る光と陰……131

この章で考えたいこと……132
1 上海カリキュラム改革を支える教育組織……134
2 上海カリキュラム改革の理念と過程……136
3 小学校における探究型課程の事例
——上海市虹口区飛虹路小学校の場合……145
4 学習評価の改革と教育現場の反響
——学力保障を目指して……152

終　章　子どもの幸せと学力の未来を考える

終　章　子どもの幸せと学力の未来を考える……159
1 各国の取り組みの現在……160
2 学力の「未来」の方向性と学校教育のあり方……165
3 学力育成のための取り組み……168
おわりに……172
執筆者紹介……175

序章

日本における「学力形成」の語られ方

2000年代に入ってからのこの約20年間、「学力問題」は大きく社会的関心を集めてきた。「分数ができない大学生」といったセンセーショナルな話題が取り上げられるなかで学力低下が世間的な関心を集め、[1]次いでPISAの第2回調査（2003年）の順位下降を受けてゆとり教育批判が加速し、後述するような「学力向上」策が国・自治体・学校の総動員体制で進められてきた。「学力」は、常に教育政策や教育実践をめぐる議論の中心であったと言える。

また同時に、この20年は日本社会における貧富の格差が顕在化してきた時期でもあった。とりわけ子どもの貧困が問題化され、家庭の社会経済的な環境が子どもの学力の高低を強く規定していることが明らかにされてきた。しかし、多くの施策が「学力向上」を謳いながらも、学力格差是正や低学力層に主眼が置かれていない現状が存在する。また、学力格差是正を主張する議論では、「何を学力とするべきか？」という学力の質を問い直すまなざしには弱いものがある。

このように、学力形成に対するスタンスが一様ではないにもかかわらず、その意味を確認することなく「学力」ということばが一人歩きし、教育政策や日々の教育活動を方向づけている。まさに「学力」はマジックワード化している。そこで本章では、現在の日本において見られる学力形成についての「語られ方」（=言説 discourse）を整理してみたい。それによって、現在の日本ではどのような立場から学力形成が語られているのか、どのような語られ方が支配的となり、また排除されているのか、それらとは異なる学力形成の語り方はあるのかが確認できるのではないかと考える。

1 「能力」論議の動向——「○○力」の時代

「はじめに」にも記したように、２０００年代に入ってから現在に至るまで、数多くの「能力」が学校教育で育成すべきものとして論じられてきた。これまでも学校教育には様々な課題が課せられてきたが、１つの特徴は、その時代の社会的要請を反映した知識内容が問題とされてきたことであった。例えば、古くは読み書きそろばんのようなものにはじまり、１９５０年代末から60年代にかけては、高度経済成長や科学技術競争を背景に教育内容の現代化や科学化が図られたようにである。その際の焦点は、社会的要請を踏まえ、どの知識を教えるかにあった。では、現在、「能力」形成に焦点を移している背景はなにか？

大きな流れをつくり出したのは、１９９０年代末から２０００年代はじめにかけて、経済のグローバル化に伴う社会構造の変容、労働者像の変容のなかで、多元的な能力

資料1　2000年以降提言された能力

名称	機関	発行年
キー・コンピテンシー	OECD-DeSeCo	2003年
人間力	内閣府・人間力戦略研究会	2003年
就職基礎能力	厚生労働省	2004年
社会人基礎力	経済産業省	2006年
学士力	文部科学省	2008年
21世紀型スキル	ATC21S	2012年

モデルが国内外において打ち出されてきたことである（資料1）。それらは、知識経済下の労働場面で発揮される能力を志向するか（例えば資料2の「21世紀型スキル」）、市民生活や家庭生活も含めた政治的・社会的・文化的側面の総合的な充実を志向するか（例えば資料3の「キー・コンピテンシー」）の違いはあるものの、共通する特徴として次のようなことが挙げられる。

1つは、問題解決や創造的思考、学び方の学習など、知識そのものよりも、問題状況に合わせて知識を使えることを能力としている点である。2つには、1つ目の特徴の達成プロセスにおいて他者との相互作用を重視しており、コミュニケーションやコラボレーションに関するスキルを能力としている点である。3つには、自律的に自らの行動をコントロールする態度を能力としている点で

資料2　ATC21Sの提起する「21世紀型スキル」

思考の方法	1. 創造性とイノベーション
	2. 批判的思考、問題解決、意思決定
	3. 学び方の学習、メタ認知
働く方法	4. コミュニケーション
	5. コラボレーション（チームワーク）
働くためのツール	6. 情報リテラシー
	7. ICTリテラシー
世界の中で生きる	8. 地域とグローバルのよい市民であること（シチズンシップ）
	9. 人生とキャリア発達
	10. 個人の責任と社会的責任（異文化理解と異文化適応能力を含む）

出典：P. グリフィン、B. マクゴー、E. ケア編（三宅なほみ監訳）『21世紀型スキル――学びと評価の新たなかたち』北大路書房、2014年。

資料3　OECDが提起する「キー・コンピテンシー」

〈カテゴリー 1〉 道具を相互作用的に用いる	A 言語、シンボル、テクストを相互作用的に用いる B 知識や情報を相互作用的に用いる C テクノロジーを相互作用的に用いる
〈カテゴリー 2〉 異質な人々からなる集団で相互に関わりあう	A 他者とよい関係を築く B チームを組んで協同し、仕事する C 対立を調整し、解決する
〈カテゴリー 3〉 自律的に行動する	A 大きな展望の中で行動する B 人生計画や個人的プロジェクトを設計し、実行する C 権利、利害、限界、ニーズを擁護し、主張する

出典：D. S. ライチェン、L. S. ザルガニク著（立田慶裕監訳）『キー・コンピテンシー――国際標準の学力をめざして』明石書店、2006年。

ある。こうした能力を重視するのは、知識や情報がめまぐるしく入れ替わる社会に移行したとの認識から、どのような知識を持っているかではなく、いかに知識を状況に合わせて適用していくかを有用な労働力の中心に据えているからである。こうした能力モデルが「グローバル・スタンダード」として、日本のみならず先進諸国に広がっている。

しかし、新しく提案されてくるものがすべて良いとは限らないし、また社会的な要請のすべてに学校が対応すべきかどうかは別である。例えば、こうした能力モデルは、すべての人々にとって等しく機能するだろうか？　言い換えれば、すべての人がこのような知識経済下の労働力モデルにしたがって生活していくことになるのであろうか？　ある社会階層の人々にとっては有用な能力モデルとなるが、現状において社会的排除を受けている階層の人々にとってはさらなる不平等の拡大再生産に陥ることにつながらないだろうか？

また、こうした能力モデルは、グローバルに展開する知識経済を前提としているが、現在そして未来に向けたグローバルな課題はそれだけではないだろう。資本のグローバル化が進むなかで広がる貧困や環境問題、ナショナリズムや自民族中心主義、ポピュリズムの台頭などにどう向き合うかということも市民的な能力として欠くことができないものとなっている。これは、とりわけ学校教育の公共的性格を考えるとき、重要な問題である。

さらには、これらの能力モデルでは、コンピテンシーを獲得した個人が自律的に活動していくことが想定されているが、そのような自己完結的な主体を描けるのだろうか？　そうではなく、人間は他者や社会との関係性、思考の道具といった「媒介」となるものを足場にしながら活動し、「能力」なるものを発揮しているのではないか？そのように考えると、近年の能力モデルでは、人の主体的な思考活動において欠くことのできない知識獲得の位置が後退していると言える。

このような問題点を視野に入れるとき、グローバル・コンピテンシーの形成をそのまま学校教育の課題とすることは危険をともなう。しかし、これらの問題点は、以下に示すように、学校教育の取り組みの中に既に現れ始めている。

2　「学力向上」という語り方

ベネッセ教育総合研究所が行った「第5回学習指導基本調査」では、各学校が設定する学校目標を2002年と2010年とで比較している。(2)それによれば、2010

年では、「学力向上・学力定着」（小学校で21・1ポイント、中学校で11・2ポイント増）、「学習習慣」（小学校19・3ポイント増、中学校11・7ポイント増）が大きく増加している。

これらを目標として掲げる学校が増えたのは、この間の学力低下不安とそれへの反動としての学力向上策が国や自治体をあげて取り組まれたことによる。その大きな契機となったのは、PISAの結果である。2003年に実施された第2回調査の日本の国際順位が第1回調査（2000年）から後退したことを受け、「学力向上」が強調されるとともに、その学力の中身として「PISA型」が採用されていく。とりわけ、言語力育成が課題とされ、各教科における言語活動が重視されていった。

2007年4月からは、全国学力・学習状況調査（全国学テ）が始まり、同年6月には学校教育法が改正され、第30条2項において、「基礎的な知識・技能」「思考力・判断力・表現力等の能力」「主体的に学習に取り組む態度」の三つの要素から「学力」が法的に規定された。そして、この規定に基づいた習得と活用学習を柱とする学習指導要領が2008年に告示された。全国学力・学習状況調査とそれに対応した学習指導要領によって、この3要素からなる学力を向上させる取り組みが進められていった。

以上のような取り組みの結果、２００９年のＰＩＳＡ第４回調査では上昇傾向を見せ、以後２０１２年、２０１５年の調査でも上位を維持している。では、日本の子どもたちの課題とされた思考力、判断力、表現力は十分に形成されてきたと言えるのか？　この間、政策的にも学校の取り組みとしても重点を置かれてきた「学力向上」の取り組みの問題を３つ指摘しておきたい。

１つには、どの子どもにも「学力向上」が目指されたのか？という問題である。前述のベネッセの調査では、学力平均の低い学校ほど計算や漢字などの反復学習を多く行い、学力平均が高い学校ほど活用学習を多く行う傾向が明らかとなっている[3]。学力状況に応じて、習得学習にとどまる授業と活用学習まで発展させている授業とに階層化されているのである。この事実を見る限り、どの子どもたちにも思考力・判断力・表現力の形成が保障される授業にはなっていないばかりか、とりわけ学力に困難を抱える子どもたちにとっては、今ある学力の水準に押しとどめられる授業になっている現状がある。

２つには、求められた思考力・判断力・表現力の質はどうであったか、という問題である。その基本問題は、学習の脱文脈化と思考スキル偏重にある。すなわち、習得学習については、単純な計算や漢字の書き取り・読み取りなどの反復練習の手法が採られ、他方、思考力・判断力・表現力を育てるという活用学習については、一定の思考パターンがスキルとして教えられる傾向が存在している。例えばそれは、国語の教科書において、情報の取捨選択や活用、論理的な文章やスピーチの構成などといった言語表現のスキル学習に力点が置かれていることに現れている。そして、こうした定型化された授業スタイルが、「学力スタンダード」や「カリキュラム・スタンダード」といった名称で自治体ごとに策定・普及が図られている。

3つには、1つ目とかかわるが、「学力向上」が学力格差の是正に重点を置いていないということである。学力低下が問題にされはじめた2000年代初頭から、主に教育社会学の領域から学力格差の拡大に警鐘を鳴らす実証研究が多数提起されてきた。にもかかわらず、国や各自治体の施策には、学力格差を是正する具体的な対策（加配教員の配置や予算の重点配分、教育課程の内容や時数についての柔軟な編制等）が盛り込まれていない。例えば、2018年6月に閣議決定された第3期「教育振興基本計画」では、経済的困難を抱える子どもたちへの教育費負担の軽減などが盛り込まれ、高校、大学への進学率の改善を評価指標としている(4)。しかし、経済的に困難であるが故に高校・大学に行けないだけではなく、家庭の社会経済的背景に影響を受けて学力形成そのものに困難を抱えているのであれば、すべての子どもたちが参加可能な学習内容や活動になるよう、その質や公正さを向上させるための対策が講じられる必要がある。

以上のように、「学力向上」という語り方は、知識基盤社会やグローバル化といった社会像へのベクトルが強い学力形成を指向する一方、まさにそうした社会構造の中で周辺化されている子どもたちへのまなざしが弱く、学力形成を通して学力格差を解消する取り組みに消極的であると言える。

3 「学力格差是正」という語り方

「学力低下」として語られる現象に対して、「学力格差の拡大」として問題化してきたのは教育社会学の研究である。従来から、学校教育による社会階層の再生産構造については研究されてきたが、近年は大規模な調査による実証研究が行われている。例えば、２０１４年にはお茶の水女子大学の研究グループが全国学テの追加調査として実施した「保護者に対する調査」の結果から、家庭状況と学力の関係について全国規模の調査研究を行っている。(5) そこでは、家庭の社会経済的背景（家庭の所得、父母の学歴）と子どもの学力に相関関係が見られることが示されている。統計的には、社会経済的指標の最も低い家庭の子どもが1日に3時間以上家庭で学習しても、最も指標が高い学習時間ゼロの子どもの平均正答率よりも悪いという結果であった。

こうした学力格差の実証研究に共通するのは、いったん「学力」なるものが何であるかを括弧に入れることで、量的にその格差の実態を捉えていることである。もちろん、実証にとどまるのではなく、そうして明らかとなった学力格差の実態から是正策を提案している。上記のお茶大グループの研究では、学力格差是正に成功している学校の共通項から、①家庭学習の指導、②管理職のリーダーシップと同僚性の構築、③小中連携教育の推進・異学年交流の重視、④言語に関する授業規律や学習規律の徹底、⑤都道府県、市レベルの学力・学習調査の積極的な活用、⑥基礎・基本の定着の重視と少人数学級の導入、といった実践への有効な知見を導き出している。こうした取り組みによって、低学力層の「丁寧な底上げ」が期待できるとする。また、政策レベルでは、格差の深刻なところへの人・物・財源の重点的な配分を提案している[6]。

しかし、「学力」の中身をいったん置いておいた上で提案されるこうした学力格差是正策は、「低学力層が高学力層と同じテストでより点数を取れるようになる」ということを期待していないだろうか。そこでは学力の「格差」が問題にされているのであって、学力の「内実」を問うているのではないことから、教える内容の質や学習者にとっての学習の意味を問わないことになりかねないのである。

学力格差の是正は、公正な教育さらには社会的公正の実現に向かって行われなければならない。学力格差のない（あるいはなくそうと努力している）状態は、公正な教育にとって必要ではあるが十分ではない。政治学者の齋藤純一氏は、「市民を平等な者として扱うためには、財をどのように配分するかだけでなく、それを通じて他者との社会関係においてどのような立場を占めることができるかに注目する必要がある」(7)と指摘する。この指摘は、学力格差の是正を考える上でも示唆に富む。すなわち、是正された学力で何をなすことができるか、どのような他者と関わることができ、どのような社会とのつながりを構築することができるか、そしてどのような自己認識を獲得することができたのかといったように、学力形成が主体化につながっていなくては意味がないのである。このように考えたとき、「学力格差是正」という見方は、学習主体を取り巻く関係性のレベルから学力形成のあり方を再検討する方向へと発展させられる必要があるだろう。

4 学力の内実を問い直す学力保障へ

現在進行中の学力形成の語られ方を以上のように整理してみたが、ここからどのような方向性が見いだされるのか、最後に述べておきたい。

学力の内実の問い方は大きく2つある。第一に、「学力」という一見中立的に語られることばが発せられる「立ち位置」を批判的に問うことである。本章で見たように、「学力形成」の語られ方＝言説は、どのような立ち位置を取るかに密接に結びついている。学習指導要領ならびに学力テスト体制のなかで目指される「学力」は、汎用可能な能力形成を期待するグローバル・スタンダードに合わせたものであり、そこには社会的周辺部に位置する子どもへのまなざしがない。支配的に語られる「学力」が「誰にとって、どんな不利益を生み出すか？」を問うことは、公教育で共通に形成すべき学力とは何であるべきかという規範的問いに答えることにつながる。

ガート・ビースタ（Gart Biesta）は、PISAなど国際学力調査への過剰な関心に見られるように、多くの国の教育政策と教育実践が測定可能なものに価値を置く傾向を教育の「学習化」として批判している。[8] すなわち、「何が教育的に望ましいのか」「教育は何のためにあるのか」という規範的な問いが後退し、教育を語る語彙が「学習」「学習者」に置き換わってきているというのである。それは、プロセスを表現することばであって、「何のために学習すべきなのか」という問いを伴わないと批判する。同様の傾向は、現在の日本の学校教育にも支配的である。新学習指導要領に典型的に見られるように、「何を教えるか」「なぜ教えるか」「何のための学力形成か」という問いは後退し、アクティブ・ラーニングに示されているように「どのように学ぶか」に重点が置かれている。こうした現状において、「何を学力と考えるべきか」という規範的問いを社会構造の様々な位置に存在する多様な立場から議論することが出発点である。

第二に学習の質の側面である。習得と活用の授業は、習得に関しては反復練習、活用に関しては脱文脈化されたスキル学習という問題を引き起こしていた。また、学力格差是正の議論には、学力や学習の質そのものは問題化されない傾向がある。これらとは異なる方向を目指す必要がある。それは、子どもたちにとって学ぶに値する教育内容、考えるに値する学習課題を構想することで学びを文脈化していくことである。その学びの文脈化において重要な位置を占めるのは、子どもの生活現実である。子どもたちが自らの生活現実を足場に教科内容へアクセスできる授業は、知識を意味あるものとして内面化させるとともに、知識を多様な側面（生活の事実）から豊かに学んでいくことを保障する。

自分たちの生活現実を反映した学びを展開することは、現実に存在する社会的不平等そのものへの意識化を図ることにもつながるものである。これは、「何のための学力か？」を問う上で、今まさに課題となっているものである。朝日新聞とベネッセが共同で行った調査によれば、所得による教育格差を許容する割合は、経済状況にゆとりのある保護者で72・8％、ゆとりのない保護者で55・7％であり、2004年の調査から全体で10％以上増加している(9)。格差は自分一人の努力ではどうすることもできない「値しない不利(10)」にもかかわらず、それを「仕方のないもの」として受け入れていく構造ができあがってきていることをこのデータは物語っている。社会格差に事後的に対応するだけでは不十分であり、事前の対策が不可欠なのである。それは、「公正な社会要求への意識と知識」である。そこに働きかけなければ格差を是正する公正な教育ではない。学力の内実を社会的周辺部から問い直す作業は、不平等な社会をつくりかえるための議論の一端を担う。この方向が求められている。

（竹川　慎哉）

【注】

(1) 岡部恒治・西村和雄・戸瀬信之編『分数ができない大学生――21世紀の日本が危ない』東洋経済新報社、1999年参照。
(2) ベネッセ教育総合研究所『第5回学習指導基本調査（小学校・中学校版）』2010年、p.82（https://berd.benesse.jp/shotouchutou/research/detail1.php?id=3243）。
(3) 同右。
(4) http://www.mext.go.jp/a_menu/keikaku/detail/__icsFiles/afieldfile/2018/06/18/1406127_002.pdf
(5) お茶の水女子大学『平成25年度全国学力・学習状況調査（きめ細かい調査）の結果を活用した学力に影響を与える要因分析に関する調査研究』（https://www.nier.go.jp/13chousakekkahoukoku/kannren_chousa/pdf/hogosha_factorial_experiment.pdf）。
(6) 耳塚寛明「学力格差と『ペアレントクラシー』の問題――教育資源の重点的配分と『底上げ指導』を」ベネッセ教育研究開発センター『BERD』No.8、2007年、p.7。
(7) 齋藤純一『不平等を考える――政治理論入門』筑摩書房、2017年、p.92。
(8) ビースタ、G.著、藤井啓之・玉木博章訳『よい教育とは何か――倫理・政治・民主主義』白澤社、2016年、p.29。
(9) ベネッセ教育総合研究所『学校教育に対する保護者の意識調査 2018』、p.14（https://berd.benesse.jp/shotouchutou/research/detail1.php?id=5270）。
(10) 齋藤、2017、p.17。

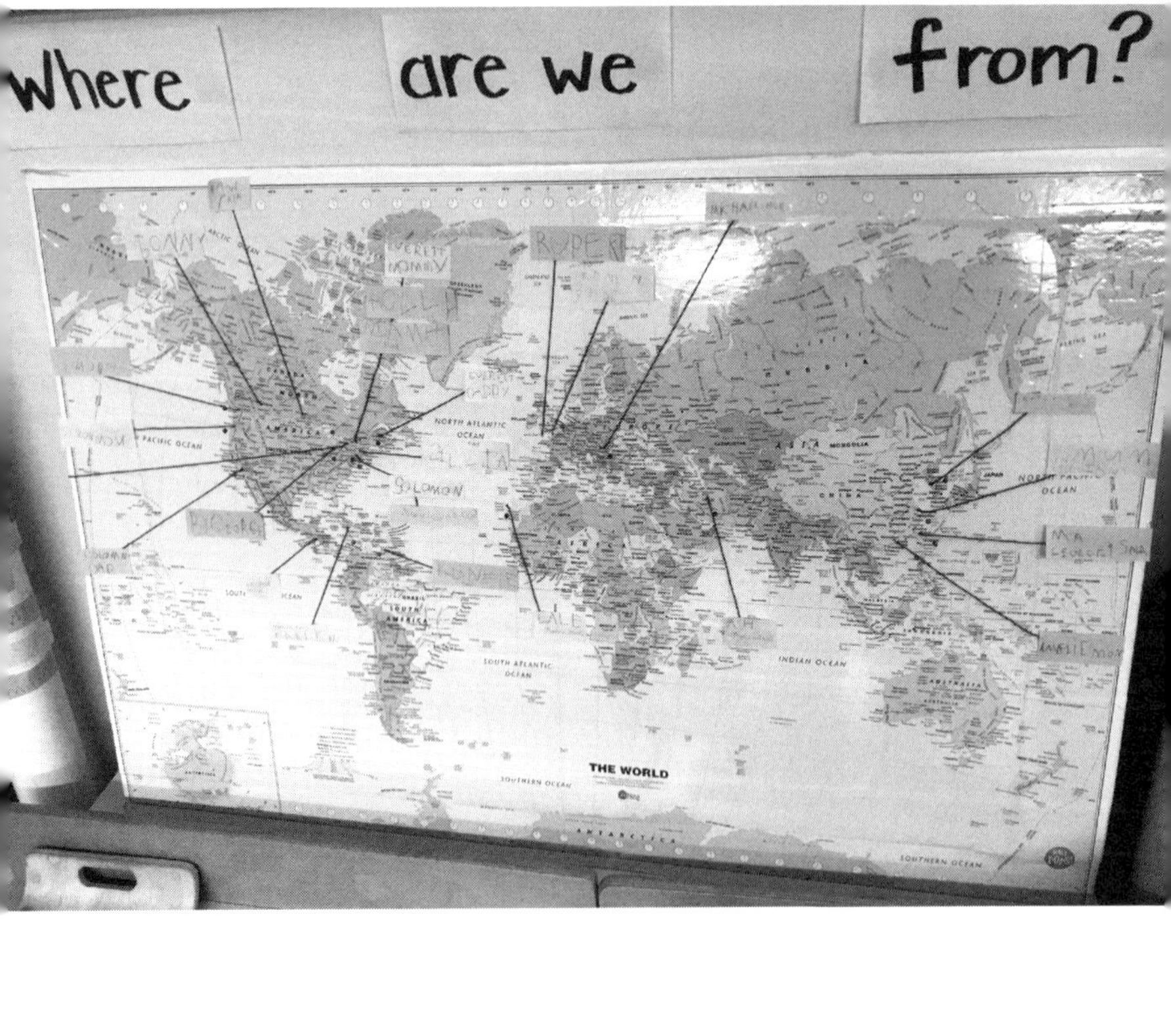
where are we from?
THE WORLD
NORTH ATLANTIC OCEAN
PACIFIC OCEAN
SOUTH ATLANTIC OCEAN
INDIAN OCEAN
SOUTHERN OCEAN

第1章

持続可能な社会の実現を目指すオーストラリアの学校教育

——「持続可能性のための教育」の取り組み

面　積▼769万2024㎢
人　口▼約2500万人
首　都▼キャンベラ
公用語▼英語

この章で考えたいこと

オーストラリア連邦（以下、オーストラリア）のある小学校では、子どもたちが学校で野菜の栽培を行っている。何を育てるのかは、子どもたちと教師が相談して決定する。子どもたちは、野菜のネームプレートを作成し、水やり当番を決め、適切な栽培方法を調べて共有する。収穫した野菜を使った料理のレシピを調べ、実際に調理して食事を楽しむ。そしてその様子を、学校のニューズレターなどを通して発信する。同校ではさらに、節水のための取り組みを行ったり、生ごみをコンポストに入れたり飼育しているミミズに与えたりして肥料をつくり、それを野菜の栽培に使う。そしてその活動には子どもたちと教師だけではなく保護者や地域住民も参加し、お互いに気づきや意見を交換しながら取り組みの方向性を決めていく。この学校ではこうした活動が学校生活の重要な一部を占め、子どもと大人はともに協力して活動に取り組んでいるのである。

　こうした活動を通して子どもたちは、他者と関わり、意思決定を行い、協力して物事を進めていくことになる。また、経験を積んだ子どもたちはプロジェクトの中心的な役割を担ったり、下級生の面倒を見たりするようになる。さらに、ネームプレートの作成は「芸術」の学習に、栽培方法の調査は「科学」の学習に、ニューズレターの作成は「英語」の学習に関連づけて実施される。このように、野菜の栽培という活動を軸として子どもたちの多様な学習が構成され、必要な力の獲得が目指されているのである。

こうした教育活動は、一見すると、教室で教科書を用いながら教師と子どもによって展開されるものとは大きく異なるものと捉えられ、違和感や疑問（あるいは批判）を持たれるものかもしれない。しかしながら、学校における教育活動とは、誰のために、そして何のために行われるべきものなのであろうか。また、学校教育を通して子どもたちに身につけさせるべき力のあり方について、どのような視点から検討し、実践に位置づけていくことが必要となるのであろうか。本章では、オーストラリアにおいて環境教育から展開してきた「持続可能性のための教育（Education for Sustainability：以下、ＥｆＳ）」に関する取り組みに注目しながら、この問いについて考えてみたい[(1)]。

1 オーストラリアの学校教育に見る多様性と統一性

(1) オーストラリアの学校教育の概況

日本の約20倍の国土を持つオーストラリアは、6州2直轄区から成る連邦国家である。広大な国土と様々なバックグラウンドを持つ人々の存在を背景として、社会的にも文化的にも環境的にも多様な状況が見られる。

学校教育について見てみると、1901年の建国以来、その憲法規定によって各州・直轄区政府が責任を有してきたため、それぞれが独自に教育制度を定めており、義務教育年限、教育内容、学期の区分なども統一されてはいなかった。また、学校や教師の裁量の余地も大きかった。そのため、学校や子どもたちを取り巻く状況や教師の信念などに応じて、多様な教育活動が展開されてきた。

しかし、1989年にオーストラリアで初めての教育に関する国家の指針である「ホバート宣言」が策定されるとともに、教育に関する全国的な方針を定めたナショナル・カリキュラムの開発をめぐる取り組みが進められるようになる。その背景には、国家の発展のために経済成長や国際的な競争力の向上を目指すことの必要性と、そのために学校教育が果たす役割の重要性への認識の高まりを見て取ることができる。その後も、1999年には「アデレード宣言」が、2008年には「メルボルン宣言」が発表され、これらの国家教育指針に沿った取り組みが進められてきた。

メルボルン宣言では、「オーストラリアの学校教育が公正と卓越性を促進する」ことと、「すべてのオーストラリアの若者が『成功した学習者』『自信に満ちた創造的な個人』『活動的で知識ある市民』となる」ことが教育の主要な目標として示された(2)。このメルボルン宣言に基づき、現行のナショナル・カリキュラムである「オーストラリアン・カリキュラム（Australian Curriculum）」の開発が2008年より進められ、2013年より各州・直轄区に本格的に導入されてきた。これは、オーストラリアで初めての強い実効性を有するナショナル・カリキュラムであり、各州・直轄区では、その内容を意識した取り組みが進められることとなった。

(2) オーストラリアン・カリキュラムの具体像と特徴

オーストラリアン・カリキュラムは、「学習領域（learning areas）」「汎用的能力

（general capabilities）」「学際的優先事項（cross-curriculum priorities）」の3次元から成る。学習領域として設定されたのは、「英語」「算数・数学」「科学」「人文・社会科学」「芸術」「技術（Technologies）」「保健体育」「言語」の8領域である。各学校のカリキュラムは基本的に、これら8領域によって構成されることとなる。また、これらの学習領域に加えて、7つの汎用的能力（「リテラシー」「ニューメラシー」「ICT能力」「批判的・創造的思考力」「個人的・社会的能力」「倫理的理解」「異文化間理解」）と3つの学際的優先事項（「アボリジナルおよびトレス海峡島嶼民の歴史と文化」「アジア、およびオーストラリアとアジアとの関わり」「持続可能性」）が設定された。汎用的能力と学際的優先事項はすべての学習領域に取り入れるかたちでカリキュラムに位置づけられ、学校教育全体を通して扱われることとされている。

先述のように、ナショナル・カリキュラム開発の重要な背景には経済成長や国家の国際的な競争力の向上への要求が見られる。そしてこれは、例えば汎用的能力がOECDによるキー・コンピテンシーの内容と類似しているという指摘もあるように(3)、国際的な動向と軌を一にするものであると言える。

ただし、例えば学際的優先事項に挙げられた「持続可能性」は、経済成長一辺倒の開発のあり方や社会づくりの方向性を批判的に検討し、それに代わる開発のあり方や社会づくりの方向性を探ることにつながる概念である。このようにオーストラリアン・カリキュラムには、経済成長や国際的な競争力の強化という側面とともに、それへのオルタナティブを提起し、より幅広い視野に立って目指すべき社会像を検討することにつながる側面も見られることが指摘できる。

また、オーストラリアン・カリキュラムは全国的な指針ではあるが、各州・直轄区への導入方法は同じではない。例えば、ヴィクトリア州や西オーストラリア州ではオーストラリアン・カリキュラムをふまえた州独自のカリキュラムが開発されたが、南オーストラリア州ではレセプション（Reception：第1学年入学前に設定されている入学準備課程）から第10学年まではオーストラリアン・カリキュラムがそのまま用いられている。さらに、オーストラリアン・カリキュラムは学校で扱うべき教育内容や教育方法を強く規定するものではないため、各学校では各教育内容に充てる時数なども調整しながら授業やカリキュラムを具体化している。このように、オーストラリアでは制度的に、ナショナル・カリキュラムが絶対的かつ詳細に教育内容や教育方法を規定するものとしては位置づけられていないという特徴が見られる。

2 ＥｆＳのカリキュラム開発を支える取り組み

(1) オーストラリア・サステイナブル・スクール・イニシアティブ

前節で指摘したオーストラリアの制度上の特徴は、学校の裁量の余地を保障し、教師の創意工夫を生かすことを可能にする枠組みが設定されているということも意味する。ただし、その裁量の余地や創意工夫をうまく生かした取り組みを進めるためには、学校独自のカリキュラムの開発や実践の具体化を行うことが不可欠である。そしてこの点に関して、オーストラリアでは、連邦政府や州・直轄区政府、ＮＧＯ（非政府組織）などによって教師の力量形成や学校の実践を支えるための取り組みが行われてきた。本章では、こうした取り組みの1つとして、オーストラリア・サステイナブル・スクール・イニシアティブ（Australian Sustainable Schools Initiative：以下、ＡｕＳＳＩ）に注目する。

ＡｕＳＳＩは、連邦政府と州・直轄区政府、カソリック系学校部門および独立学校部門(4)が連携して進めているものであり、ＥｆＳに関する活動への総合的なアプローチをオーストラリアのあらゆる学校に提供することを目的としている。[5] これは、2003年にニュー・サウス・ウェールズ州とヴィクトリア州で試験的に開始された。そしてその成功を受けて、クイーンズランド州、西オーストラリア州、南オーストラリア州にも資金が提供され、2004年に全国的な取り組みとしてAuSSIが立ち上げられた。その後、2005年半ばまでには北部準州と首都直轄区への、2007年にはタスマニア州への資金提供が行われるようになった。[6] 今日では、連邦政府が統括し、各州・直轄区に設置されているAuSSIの担当機関を中心に、全国的に取り組みが進められている。これへの参加は任意だが、2010年の調査では、全国のすべての学校のうちの約3分の1が参加している。[7]

オーストラリアン・カリキュラムを構成する3次元の中の1つである「学際的優先事項」に「持続可能性」が位置づけられたことや、「汎用的能力」で示された能力との関連性から、オーストラリアン・カリキュラムはEfSやAuSSIの推進を支えるものといえることが指摘されている。[8] このように、AuSSIは、オーストラリアン・カリキュラムの枠組みに沿うかたちで学校での教育実践を展開する助けになるとともに、開発のあり方や社会づくりの方向性を探り、その実現に向けて取り組むための力量を持った学習者の育成を実現するための役割を果たし得るものであるといえる。

(2) AuSSIの目的

資料1は、AuSSIの9つの目的の一覧である。これら9つの目的は、カリキュラム編成に関するもの（目的の「1」）、学校づくりや学校運営に関するもの（目的の「2」「3」「4」「5」「6」「7」）、学校政策実施機関（教育内容の策定やカリキュラム編成の方針などの決定に責任を持つ、州・直轄区政府の機関）の運営に関するもの（目的の「4」「6」）、コミュニティづくりに関するもの（目的の「7」）、個人のあり方に関するもの（目的の「8」「9」）に分類することができる。AuSSIでは「ホール・スクール・アプローチ」が採用され、学校教育の一部に持続可能性に関する学習を位置づけたり個人のあり方について言及したりするということにとどまらず、学校づくりや学校運営、コミュニティのあり方などまでを射程に入れて取り組みを進めるものとなっているのである。

また、AuSSIでは資料1に示した目的を達成するために、持続可能性に関する教材、計画や報告のためのツール、スタッフの訓練の機会などを提供している。[9] すなわち、教材やツールの提供に加えて、学校や教師へのサポートも想定・準備されている。これは、EfSやAuSSIに関する知識や経験が豊富な学校や教師にとってだけではなく、これから取り組みを進めたいと考えている学校や教師にとっても参加しやすく、取り組みやすくすることにつながると考えられる。AuSSIではこうした支援体制も構築されているのである。

資料1　AuSSIの目的

1. 学校のカリキュラムの不可欠の部分（integral part）としての、持続可能性のための学習と教授
2. 学校の日常的な業務（everyday operations）の一部として、持続可能性に対する自校のアプローチを計画し、実施し、見直すという一連のサイクルに積極的に参加する学校
3. エネルギー、水、廃棄物、生物多様性を含む天然資源を、より持続可能な方法で使用する学校
4. 持続可能性に向けた変化について報告する学校と学校政策実施機関（school authorities）
5. 地域コミュニティ（local communities）と連携して持続可能性に向けて取り組む学校
6. 効果的な持続可能性のための教育を支援する指針と実践に取り組む学校と学校政策実施機関
7. 持続可能性に関するエートス（sustainability ethos）を支援する価値観を発達させる学校とコミュニティ
8. 持続可能性に関する構想（initiatives）と意思決定についての当事者意識（ownership）を共有する若者
9. 持続可能性に関する決定と選択を効果的に行うことを支援されている個人

出典：Australian Government Department of the Environment, Water, Heritage and the Arts, *AUSTRALIAN SUSTAINABLE SCHOOLS INITIATIVE - Fact sheet*（http://155.187.2.69/education/aussi/publications/pubs/aussi-factsheet.pdf：2017年11月9日確認）を訳出するかたちで、筆者作成。

3 南オーストラリア州におけるAuSSIの取り組み

(1) AuSSI-SAの取り組みの全体像と「AuSSI-SAモデル」

先述のようにAuSSIは連邦政府が統括しているが、実施に際しては各州・直轄区に設置されているAuSSIの担当機関を中心に取り組みが進められている。本節では特に、EfSを推進するための「AuSSI-SAモデル」（以下、「モデル」）の作成ならびにルーブリック（rubric）の開発と活用を行っている南オーストラリア州（SA）における取り組みに焦点をあてて、その特徴と役割、意義について検討する。

南オーストラリア州のAuSSIはAuSSI-SAとよばれており、州の「教育・子ども発達省（Department for Education and Child Development）」と「アデレード・マウントロフティ山脈天然資源管理委員会（the Adelaide and Mount Lofty Ranges Natural Resources Management Board：以下、NRM）の連携により進められている。そこでは教材開発や教師に対するコンサルティングなどを行うことで、E

資料2　AuSSI-SAを構成する「モデル」の主要な要素

文化（Culture）：
　われわれの学校は、より広いコミュニティとともに、持続可能性の文化を発展させる。

理解（Understanding）：
　われわれの学校は、コミュニティとともに持続可能性に向けて動くために求められる理解、スキル、価値観を育成する。

学習（Learning）：
　われわれの学校のカリキュラム、学習プロセス、教授法（pedagogies）は、われわれが、より広いコミュニティの中で、また、より広いコミュニティとともに、より持続可能なライフスタイルを達成するのを助ける。

コミュニティ（Community）：
　われわれの学校は、コミュニティとともに持続可能性を達成する。

管理（Managing）：
　われわれの学校のリーダーシップ、ガバナンス、および管理プロセスは、EfSを発展させる。

出典：Department of Education and Children's Services, *Education for Sustainability: a guide to becoming a sustainable school,* Adelaide：South Australia, Australia, 2007, p.11, 13, 15, 17, 19をもとに、筆者作成。

ｆＳおよびＡｕＳＳＩが推進されている。学校はＡｕＳＳＩ－ＳＡに参加することで、子どもと教育者にとって有意義で地域と関連のある実践的な学習への支援を得たり、ネットワークや支援機関を通じた人的、物理的、財政的なものを含む様々な資源へのアクセスなどを得たりすることができる。[10]

　先述した「モデル」とは、ＥｆＳのすべての要素同士の関連を示すものである。[11]

ＡｕＳＳＩ‐ＳＡでは、「モデル」を構成する要素として「文化」「理解」「学習」「コミュニティ」「管理」の５つを設定したうえで（資料２）、それぞれの要素に関してルーブリックを開発している。

また、「モデル」の５つの要素は、「文化」を中心としつつ、互いに関連するものとされている。すなわち、「文化」以外の４つの要素が充実することによって学校内およびより広範なコミュニティの中の持続可能性の文化の形成に影響を与えるとともに、文化が形成されることによって、持続可能性をより一層反映させるかたちで他の４つの要素の発展が促されることが想定されているのである。

(2) ＡｕＳＳＩ‐ＳＡにおけるルーブリックの役割と意義

ＡｕＳＳＩ‐ＳＡでは、「モデル」を構成する５つの要素すべてについて、資料３に示した「開始」「挑戦」「関与」「変革」の４段階を設定し、資料４に示したかたちのルーブリックを作成している。各学校の取り組みは、「開始」から「変革」へと発展していくことが想定されている。(12) そしてその内容からは、学校での取り組みの現状把握と変化の必要性の認識から始まり、変化のための取り組みへの挑戦とプロセスの確立、学校やコミュニティでの生活への統合、そして最終的には持続可能なライフスタ

資料3　AuSSI-SAによる「モデル」の4段階

段階	開始	挑戦	関与	変革
特徴	学校は、変化の必要性を認識し、現行の実践に疑問を持ち、可能な方向性を明らかにする。	学校は、変化のための取り組みへの挑戦と変化のためのプロセスの確立に積極的に関与している。	EfSが、学校およびより広範なコミュニティでの生活の中に統合されている。	学校は、コミュニティとともに継続的に学習し、持続可能なライフスタイルで生活している。

出典：Department of Education and Children's Services, *Education for Sustainability: a guide to becoming a sustainable school,* Adelaide: South Australia, Australia, 2007, p.9をもとに、筆者作成。

イルでの生活へという発展が目指されていることが分かる。

ルーブリックを用いることによって、取り組みに関わる人々には、「ＥｆＳについて議論するための共通言語」「学習と変化のための明確な方向性と指針」「より広範なコミュニティと関わり合い、改善点を伝えるための手段」「継続的な改善を促すための評価、監督、意思決定のためのツール」の４つが提供される。[13]　ＡｕＳＳＩ－ＳＡのスタッフがこのルーブリックを用いながら、あるいは念頭に置きながら教師と話し合いを行うことによって、各学校の教師たちは、自分たちの取り組みがどのような状況にあるのか、より良いものにしていくためには何に取り組んでいく必要があるのかといったことを確認して取り組みを進めていくことができるようになるのである。

資料4は、「モデル」の中心的な要素である「文化」に関するルーブリックである。これは「ヴィジョンと価値観」「相互関連性」「ホール・スクール・アプローチ」という3つの項目に分けられている（他の4つの要素も同様に、それぞれ3つの項目に分けられている）。特に各項目の「変革」の段階に関する記述からは、学校全体を持続可能性のための拠点とし、そこに関わる人々（学校外の人々も含む）とともに、持続可能な学校やコミュニティづくりに取り組むことことが目指されていることが分かる。

持続可能な学校づくりやコミュニティづくりを行うという目的を掲げただけでは、具体的にどのような取り組みを行えば良いのかが分からず、実践の改善や充実を充分に行うことは困難である。AuSSI-SAの「モデル」に見られる要素の明確化やルーブリックの提示は、各学校あるいは教師がカリキュラム編成や授業づくりを行う際の指針を提供することにつながるとともに、実践を改善し続けることにも資する。このように、AuSSI-SAでは実践の質を保障するための方途が準備されていることを指摘できる。

資料4　AuSSI-SAにおける「文化」に関するルーブリック

段階	開始	挑戦	関与	変革
ヴィジョンと価値観	われわれの学校の持続可能性に関するヴィジョンと価値観を検討することの必要性を明らかにする。	われわれの学校は、持続可能性に関するヴィジョンと価値観を発展させるための包括的なコミュニティのプロセスに着手する。	学校生活のあらゆる領域を通してヴィジョンと価値観に関与している証拠がある。	より持続可能なライフスタイルを構築するために、核となるヴィジョンと価値観が、コミュニティ全体で実践され、更新され、共有されている。
相互関連性	われわれの学校は持続可能性の社会的、環境的、経済的な要因の統合方法について熟考する。	われわれの実践の中には、社会的、環境的、経済的な要因の調和（balance）を反映しているものもある。	われわれの学校は意思決定を行う際に、社会的、経済的、環境的な要因に同等の価値を置いている。	持続可能性の文化を通して、社会的、環境的、経済的要因が統合されている。
ホール・スクール・アプローチ	個々人がEfSにおける自身の役割を熟考し、明らかにしている。	複数のグループが、自身の活動と学校の持続可能性に関するヴィジョンを調和させ、統合させる方法について熟考している。	学校全体が、持続可能性に関するヴィジョンの達成に関与している。	われわれの学校は持続可能なコミュニティの一部である。

出典：Department of Education and Children's Services, *Education for Sustainability: a guide to becoming a sustainable school,* Adelaide: South Australia, Australia, 2007, p.11をもとに、筆者作成。

4 持続可能な社会の実現を目指した学力の育成に向けて

(1) 学校教育を通して保障すべき学力のあり方

先述のように、ナショナル・カリキュラムの開発の背景には、国際的な競争力の向上を目指すことの必要性への認識の高まりがあった。また、オーストラリアではＮＡＰＬＡＮ（National Assessment Program-Literacy and Numeracy）とよばれる全国的な学力調査が実施され、リテラシーやニューメラシーの向上を目指した取り組みの重要性が強調されるなど、全国的に統一的な教育改革が進められてもいる。こうした状況にあって、任意であるにもかかわらず全国の約３分の１の学校がＡｕＳＳＩに参加しているという事実からは、ＡｕＳＳＩの重要性と取り組みの持つ可能性に対する社会的な認識が一定の広がりを見せていることが指摘できる。

「持続可能な開発目標（Sustainable Development Goals：SDGs）」の提起と取り組みにも見られるように、現代社会には、貧困や格差、環境破壊、平和構築など、解決

書店に並ぶNAPLAN用の問題集

すべき多様な問題が山積している。しかし、これらの諸問題の絶対的な解決策は見つかっておらず、試行錯誤が行われているのが現状である。こうした状況に鑑みれば、現在を生きる大人も子どもも、目指すべき社会のあり方を模索し、自身の生き方を模索しながら歩んでいかなければならない。したがって、子どもも大人も自身の生活と未来の社会を創造するための主体であり重要な役割を担う一員であるという認識に立ったうえで、そうした主体となり、また、役割を担うために、「持続可能性」を意識しながら既存の社会のあり方や自他の生き方を批判的に検討し、目指すべき姿を模索し、その実現

に向けて取り組むという学力の育成を図ることが求められよう。これは、「持続可能な開発のための教育（Education for Sustainable Development：ESD）」をめぐる国際的な取り組みの推進にも表れているように、世界中で、学校内外で取り組むべき課題であるといえる。

(2) オーストラリアの取り組みからの示唆

前項で示した学力を育成するにあたり、ＡｕＳＳＩの「ホール・スクール・アプローチ」に見られるように、学校教育の一部に持続可能性に関する学習を位置づけたり個人のあり方について言及したりするということにとどまらず、学校づくりや学校運営、コミュニティのあり方などまでを射程に入れた取り組みを進めることが重要であると考えられる。これにより、学校における教育活動に関わるすべての人々が、学校や家庭、コミュニティにおける自身の生活現実に立脚し、そのあり方を問い直し、より良いものとしていくための取り組みに参加するという経験を得られるとともに、その経験自体が学びの場であり学力形成の機会として機能することが期待されるのである。ＡｕＳＳＩ－ＳＡではさらに、ルーブリックに見られるように、現状の把握と進むべき方向性の確認を行うことによって取り組みの質を保障するための方途も準備さ

学校内に設置されている「持続可能性」に関する掲示物コーナー

れていた。

また、学校のカリキュラムが学習者や学校の実態、教師の信念などをふまえて具体化されるべきものであり、また、そこに教師の専門性の一端が発揮されるという立場に立てば、学校の裁量の余地をいかに保障し、教師の創意工夫を生かせるようにするのかは重要な課題となる。この点に関して、オーストラリアン・カリキュラムは、学校や教師が多様なカリキュラムの開発とその運用を行うことが可能なものとなっていた。さらに、AuSSIでは、制度的に保障されている裁量の余地をうまく生かしながら学校独自のカリキュラムの開発や実践の具体化を行うことを支える取り組みが位置づけられていた。こうしたオーストラリアの取り組みからは、まず、連邦政府や州・直轄区政府だけではなく、教師や学校もカリキュラムの具体的な内容の決定主体として位置づけることの重要性と可能性を見てとることができる。さらに、学校や教師が、その運営において裁量の余地を十分に生かすことができるようにするための力量形成に資する取り組みが進められていることの重要性と可能性も見てとることができよう。

（木村　裕）

※本章は、拙稿「学校での持続可能性に関する教育活動の実践上の要点と課題の検討――オーストラリア・サステイナブル・スクール・イニシアティブの取り組みに焦点をあてて」（日本比較教育学会編『比較教育学研究』第58号、２０１９年、pp. 75-94）の一部を加筆修正するかたちで執筆したものである。

【注】

（1）ここで示すエピソードは、筆者がこれまでに訪れた学校の様子や資料等をもとに作成したフィクションである。

（2）MCEETYA（Ministerial Council on Education, Employment, Training and Youth Affairs）（2008）, *Melbourne Declaration on Educational Goals for Young Australians*, p.7（http://www.curriculum.edu.au/verve/_resources/National_Declaration_on_the_Educational_Goals_for_Young_Australians.pdf）。

（3）竹川慎哉「学校教育のカリキュラムのこれまでとこれから」青木麻衣子・佐藤博志編著『新版　オーストト

ラリア・ニュージーランドの教育――グローバル社会を生き抜く力の育成に向けて』東信堂、２０１４年、p．32。

(4) オーストラリアでは私立学校がカソリック系学校と独立学校に大別され、それぞれを管理する団体が設立されている。

(5) ARTD Consultancy Team（Chris Milne, et al.）, *Evaluation of Operational Effectiveness of the Australian Sustainable Schools Initiative（AuSSI）– Final Report,* 2010, p.1（http://155.187.2.69/education/aussi/publications/pubs/operational-effectiveness.pdf）。

(6) 同右資料。

(7) 同右資料、p．10。

(8) たとえば、Government of South Australia Natural Resources Adelaide and Mt Lofty Ranges, *Education for Sustainability resources and the Australian Curriculum*（http://www.naturalresources.sa.gov.au/files/sharedassets/adelaide_and_mt_lofty_ranges/nrm_education/efs-resources-and-curriculum-bro.pdf）など。

(9) Australian Government Department of the Environment, Water, Heritage and the Arts, *AUSTRALIAN SUSTAINABLE SCHOOLS INITIATIVE – Fact sheet*（http://155.187.2.69/education/aussi/publications/pubs/aussi-factsheet.pdf）より。

(10) Department of Education and Children's Services, *Education for Sustainability: a guide to becoming a sustainable school,* Adelaide: South Australia, Australia, 2007, pp.4-5。

(11) 同右書、p．6。

(12) 同右書、p．9。

(13) 同右。

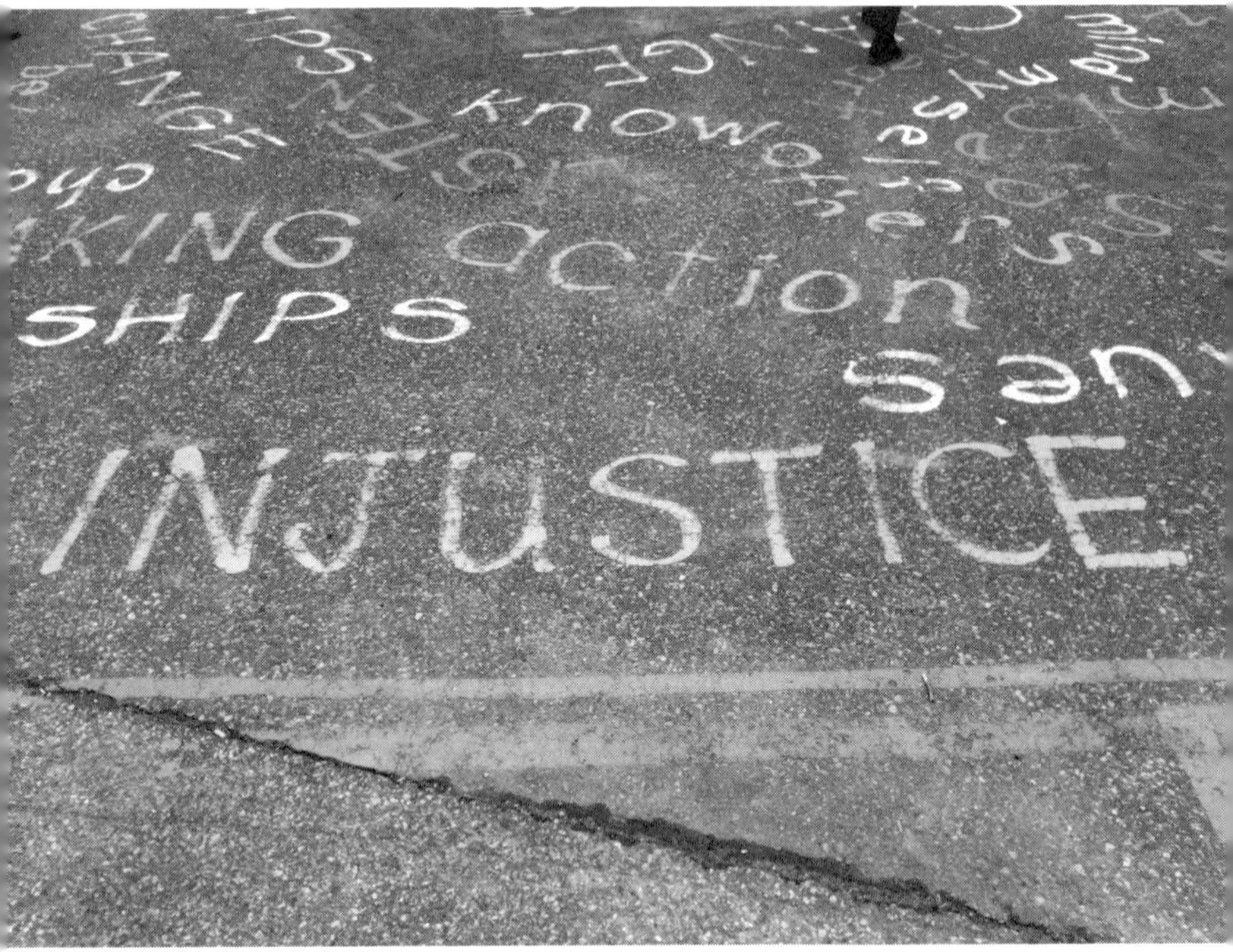
action
SHIPS
INJUSTICE

第2章

学校の自主性・自律性を基盤としたニュージーランドの教育実践

——児童・生徒に求められる学力とその育成

面　積▼27万534㎢
人　口▼約476万人
首　都▼ウェリントン
公用語▼英語・マオリ語

この章で考えたいこと

ニュージーランドの学校教育について考えるうえでは、１９８０年代後半に実施された大規模な教育改革の影響について触れる必要がある。先行実施されていた行財政改革から派生する形で実施されたこの改革は、これまでの同国の教育の仕組みに抜本的な変更をもたらした。その主眼は、過度な中央集権体制から脱し、学校分権体制を実現することにあったと言える。そのため、中央教育省を改組し、地方教育行政を担っていた教育委員会や学校視学官（School Inspector）を廃止して、各学校に保護者や地域住民を中心に構成する学校理事会（Board of Trustees：以下、ＢＯＴ）を設置した。１９８９年教育法によって具体化されたこの改革理念は、中央教育省や教育委員会の有していた権限を可能な限り学校現場に委譲するというものであり、以降、各学校の自主性・自律性を尊重した諸々の施策が展開されている。

各学校に設置されたＢＯＴは、教育課程編成、人事運営、財務運営等、多くの権限を持つ学校経営主体であり、意思決定機関として位置づけられている。そしてこのＢＯＴによる自律的な学校経営は、同国の特質として認識することができる。では、Ｂ

OTはどのように日々の学校経営を行っているのか。BOTは、学校経営の指針として、チャーター（Charter）を作成することが義務づけられている[(1)]。チャーターは、BOTがどのような学校づくりを行うか、いかなる教育を子どもに提供していくかを明示したものであり、学校経営の礎となるものである。チャーターは、子どもの実態や学校の地域性を考慮し、保護者や地域住民の意向を反映する形で作成しなければならない。作成したチャーターは、教育省からの承認を得なければならず、BOTはチャーターに示した事項を達成することが求められる。ゆえにチャーターは、教育省との「契約」として機能すると同時に、保護者や地域住民に対してどのような学校経営を行っていくのかを明確にし、学校経営の透明性を確保する手段としても機能している。BOTは、チャーターに示した事項を達成するための手立て（Strategic Plan）とその手立てを実践していくための計画（Annual Plan）を作成・公表することも求められる。すなわち、BOTは、独自に作成したチャーターに基づき、それを達成するための手立てや計画を立て、日々の教育活動を展開していくこととなる。

では、各BOTが自律的に学校経営を行う環境において、学校教育としての質はどのように確保されているのか。1989年教育法は、BOTの設置とともに、BOTの教育活動を確認するための第三者評価機関として、教育機関評価局（Education

Review Office：以下、ＥＲＯ）を設置している。ＥＲＯは定期的に学校を訪問し、ＢＯＴによる自己評価を踏まえ、ＢＯＴがチャーターを遵守した学校経営を行っているかどうかを確認する。ＥＲＯによる評価結果は公開されており、保護者や地域住民も目にすることができる。ＢＯＴは、ＥＲＯだけではなく、保護者や地域住民からも「評価」を受ける中で、よりよい学校教育を提供する責任を果たすのである。

以上のように、１９８０年代後半の教育改革以降、各学校に対して自主性・自律性が付与され、それが重視される環境が構築された。ＢＯＴに対して学校経営全般の最終決定権を与え、同時にＥＲＯによる第三者評価を実施し、ＢＯＴとＥＲＯの両輪による展開を通じて教育活動の効率化と質の向上が企図されたのである。

本章では、各学校による自主的・自律的な取り組みが重視されるニュージーランドにおいて、子どもたちにどのような「学力」を求め、またそれを身につけさせようとしているのか、概説する。

1 ナショナル・カリキュラムの概要と位置づけ

(1) ナショナル・カリキュラムの概要

１９８０年代後半の教育改革は、教育内容にも変更をもたらした。１９９３年に、それまで教育段階ごとに別個であったカリキュラムを統一し、1～13年生までを対象としたナショナル・カリキュラム『ニュージーランドのカリキュラム枠組み（the New Zealand Curriculum Framework）』が制定されることとなった。そして２００7年には、同カリキュラムを改訂するかたちで現行の『ニュージーランドのカリキュラム（the New Zealand Curriculum）』が発表される（資料1）。

ナショナル・カリキュラムは、主に、「ビジョン（Vision）」「原則（Principles）」「価値（Values）」「キー・コンピテンシー（Key Competencies）」「学習領域（Learning Areas）」、そして「学習達成目標（Achievement Objectives）」から成る。

ビジョンは、目指す子ども像とも理解でき、ニュージーランド社会が子どもたちに何を求めているのか、子どもたちが学校教育修了時にどのような姿になっていてほし

資料1　ナショナル・カリキュラムの構成

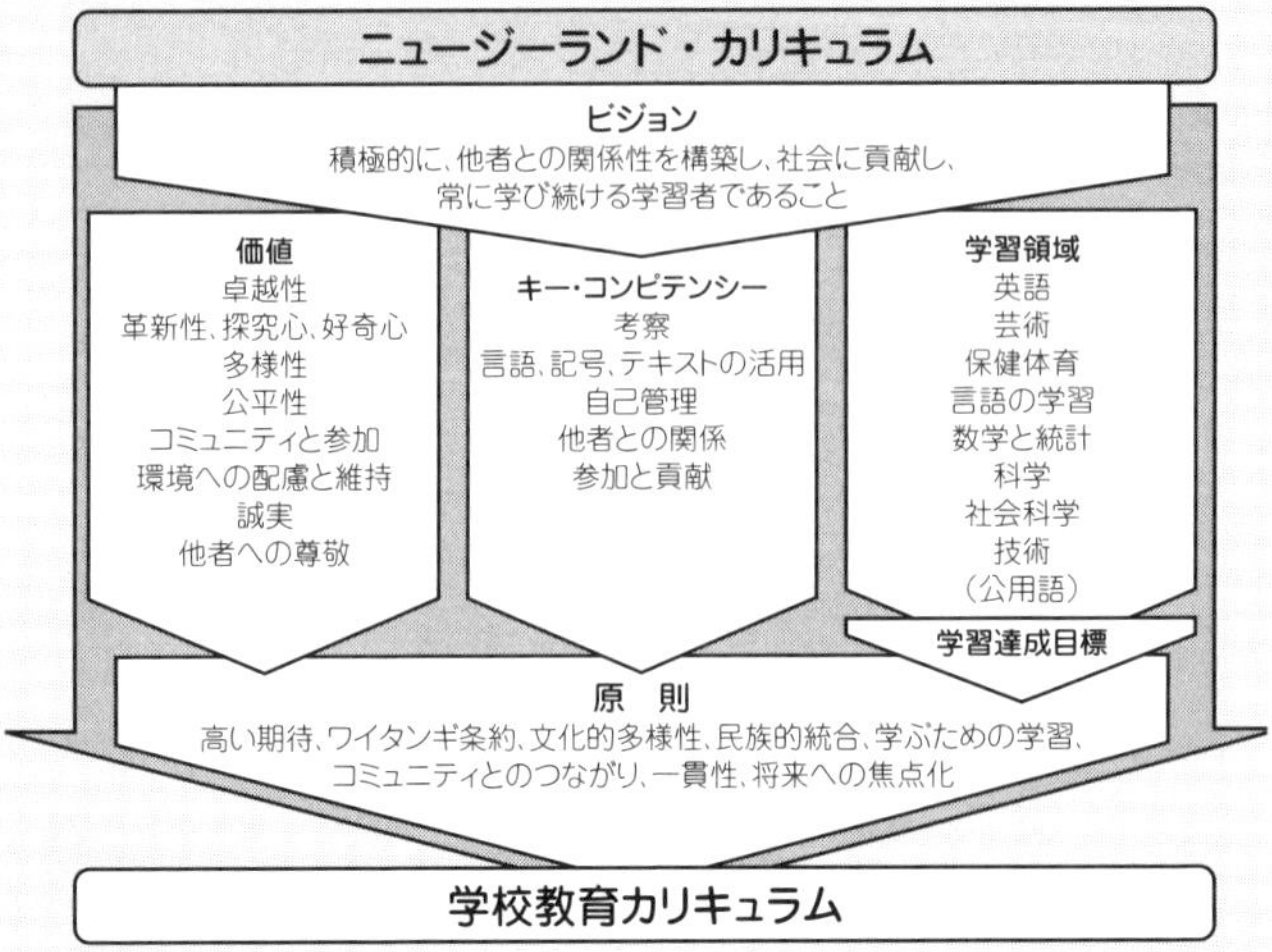

出典：Ministry of Education, The New Zealand Curriculum, 2007, p.7.より筆者作成。

資料2　学年とカリキュラムレベルの関連

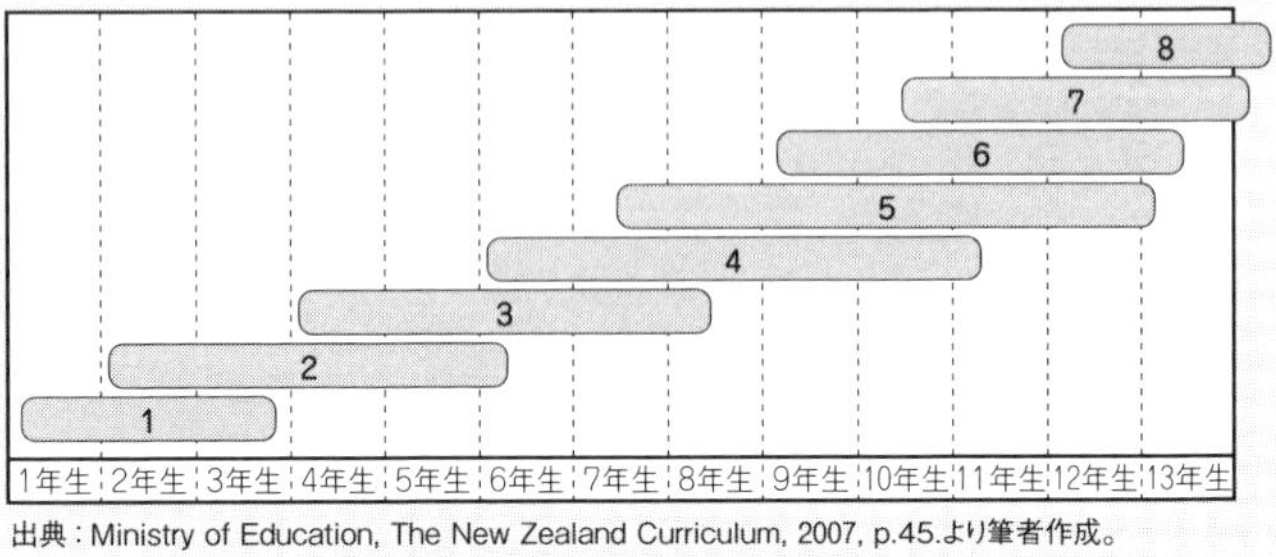

出典：Ministry of Education, The New Zealand Curriculum, 2007, p.45.より筆者作成。

いかを描いたものである。「積極的であること（Confident）」「他者との関係性を構築すること（Connected）」「社会に貢献すること（Actively Involved）」「常に学び続けること（Lifelong learners）」が掲げられている。

原則は、カリキュラム全体に通底する姿勢を示しており、「高い期待（High Expectation）」「ワイタンギ条約（Treaty of Waitangi）」「文化的多様性（Cultural Diversity）」「民族的統合（Inclusion）」「学ぶための学習（Learning to Learn）」「コミュニティとのつながり（Community Engagement）」「一貫性（Coherence）」「将来への焦点化（Future Focus）」が掲げられている。

学習領域としては8領域（英語〔English〕、芸術〔The Arts〕、保健体育〔Health and Physical Education〕、言語の学習〔Learning Languages〕、数学と統計〔Mathematics and Statistics〕、科学〔Science〕、社会科学〔Social Science〕、技術〔Technology〕）が設定されているが、各領域に価値、キー・コンピテンシーの要素を組み込み、学習達成目標を定めることが求められる。すなわち、後述するように、各学校はビジョンを実現するために、原則を踏まえ、価値やキー・コンピテンシーの要素を組み込んだ8学習領域のカリキュラムを、学校実態に即して設定していくこととなる。

また、ナショナル・カリキュラムにおいては、8学習領域それぞれについて8つのレベルが示されている。そして、各レベルに対応する学年が明示され、8つのレベルの学習事項をどの学年で身につけるべきかについても示されている（資料2）。例えば、カリキュラムレベル1の事項については、1年生〜3年生において身につけることが推奨されている。

(2) 各学校におけるカリキュラムの実際

ニュージーランドでは、ナショナル・カリキュラムは存在するものの、その内実は主に8学習領域の枠組みと概略を示しているにすぎず、授業で扱うべき内容等の具体的な記述は見られない。各学習領域、各レベルで提示されているのは、該当レベルや該当学年の子どもが身につけることが求められる能力の概要であり、それらの能力を身につけさせるためにどのような教育活動を展開するのかについては、各学校、各教師に委ねられている。各学校は、ナショナル・カリキュラムをもとに、価値やキーコンピテンシーの要素を組み込みながら学習達成目標を設定し、その学習目標を達成するための具体的なカリキュラムをそれぞれに作成することが求められる。そのため、

写真1　学校における教材のストック[2]

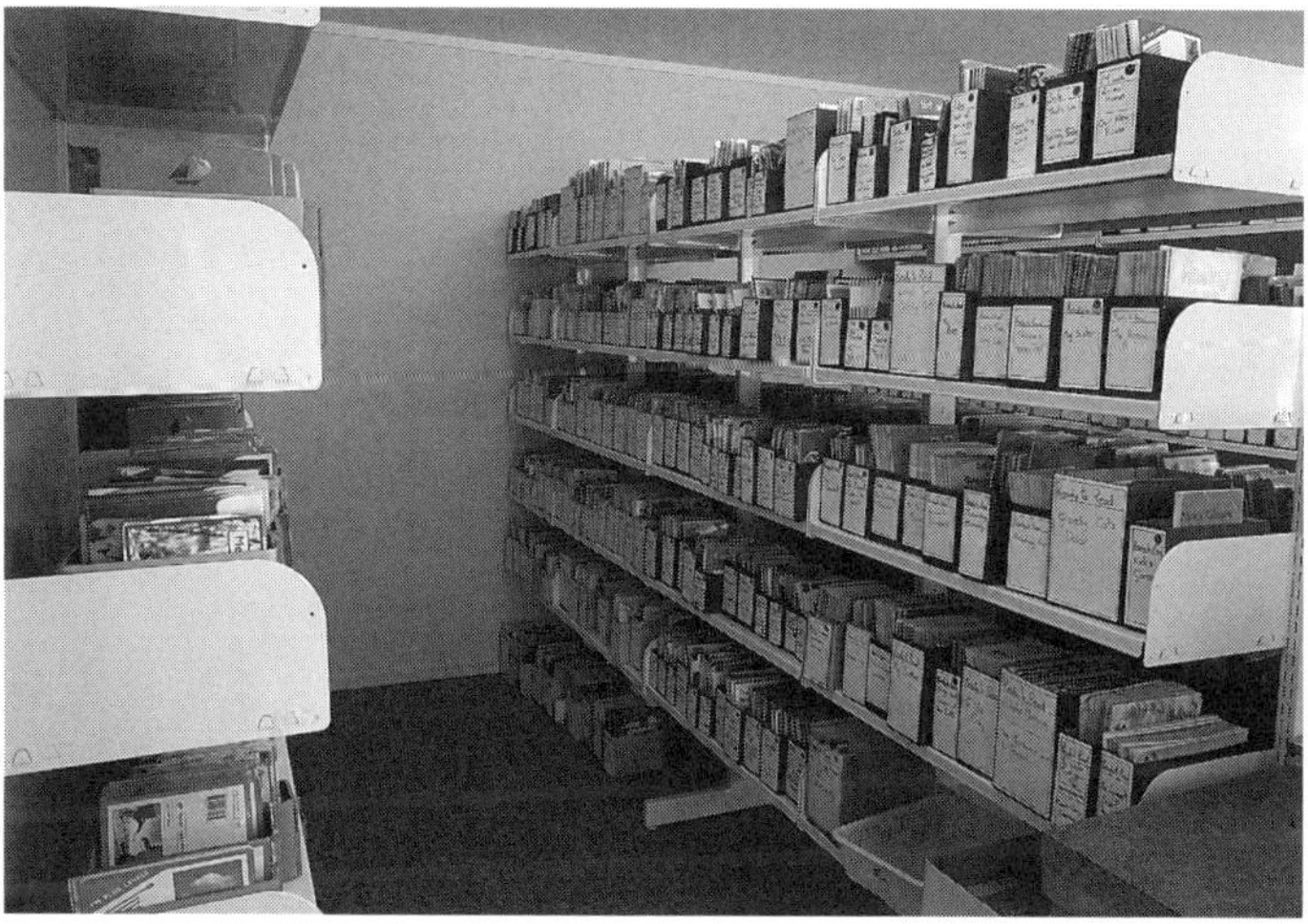

必然的に学校ごとにカリキュラムは異なることとなる。

ニュージーランドでは、教科書検定制度は存在しない。授業内容、構成、教材に至るまで、すべて教師に裁量が与えられている。学校には、それぞれの教師が作成した教材等がストックされており（写真1）、それらは共有され、学校の財産として引き継がれており、教師は自由に使用することができる。

自律的な学校経営が推進されているため、各学校の責任と教師の専門性のもと、自校の子どもに最も適切なカリキュラムを構築し、提供することが求められ、学校、教師の裁量に委ねられている部分が非常に大きいと言える。自校の子どもに

写真２　公立初等学校の玄関に貼られている児童の作品(3)

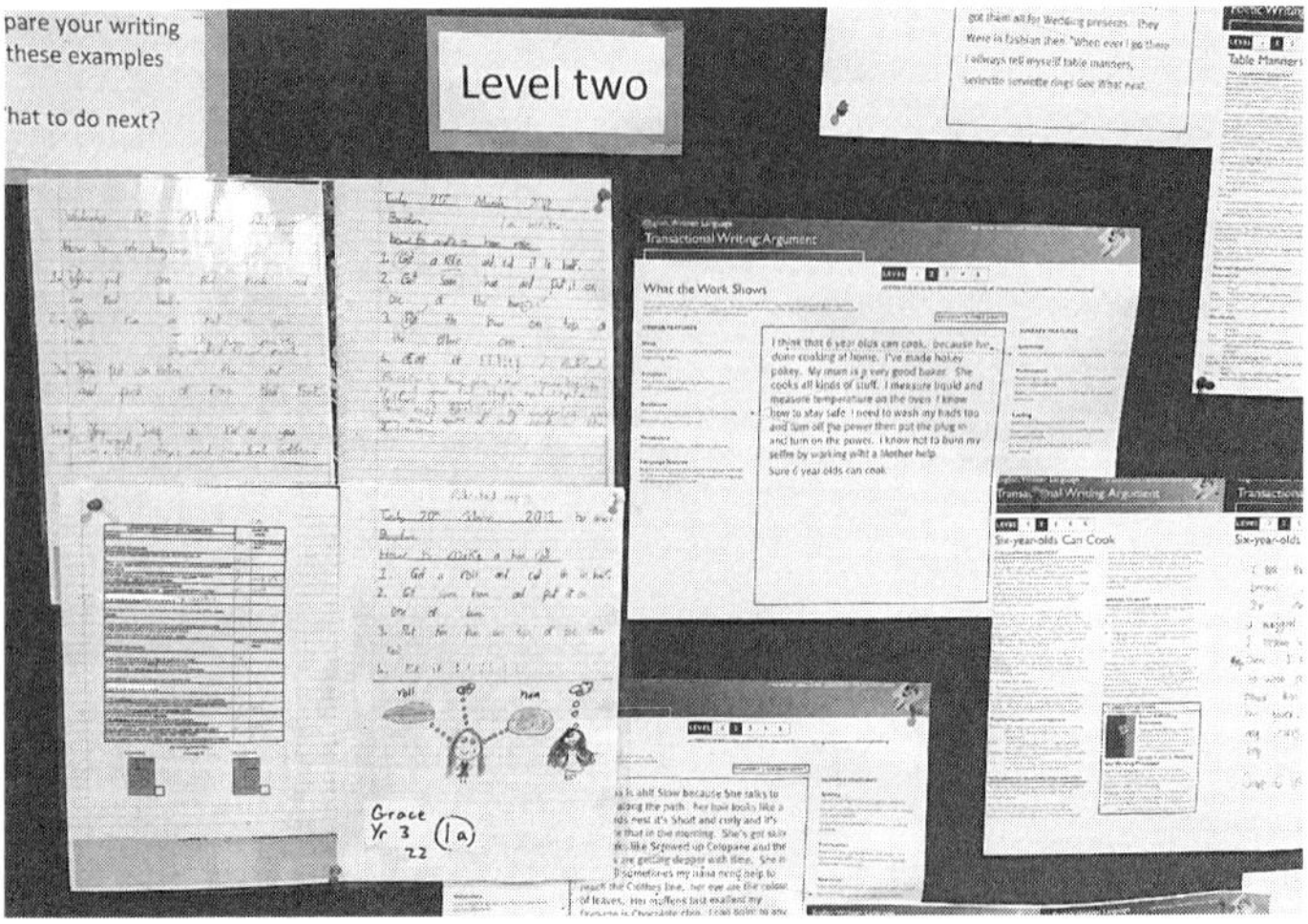

どのような学力を身につけさせるのかを決定するのは各学校であり、それを身につけさせる責任も各学校にある。ナショナル・カリキュラムをどう解釈し、いかに発展させ、何をどのように教え、子どもたちに求められる学力を習得させていくのか、教師の力量が問われ、教師の専門性が尊重されている。

2 教育アセスメントの概況と展開

各学校でカリキュラムを作成するためには、自校の子どもの実態を分析することが不可欠となる。また、自校のカリキュラムを通して求められる学力を確実に身につけさせるためには、教育アセスメントの視点を欠くことはできない。各教師が自らの実践がどの程度子どもに浸透したのか、あるいはしなかったのか、振り返る作業が求められるし、振り返ることによって次の実践に改善が加えられ、より効果的な授業実践を生むことができると言える。

(1) 多様な評価ツールの開発と普及

各学校での取り組みが重視されていることから、多様な評価ツールの開発が教育省主導で積極的に行われており、インターネットを活用することでそれらの普及が図られている。

ここでは、主流である評価ツールのうちの2つを例として挙げたい。2つとも、教育省主導で作成されているため、ニュージーランドの公立学校の教師であれば無料でいつでも使用することができる。1つは、「e-asTTle」である。「教授学習のための教育評価ツール（Assessment Tools for Teaching and Learning）」の略であり、専用のウェブページには多様な評価ツールが準備されている。[4] 教師は目的に応じて必要な評価ツールをダウンロードし、自由に使用することができる。選択式、記述式、マークシート式等、様々な形態のテストが短時間で作成できる。

もう1つは「PaCT」である。「発展と適切性を導く教育評価ツール（Progress and Consistency Tool）」の略であり、同様に専用のウェブページには評価にかかる多様な情報が掲載されている。[5] ニュージーランド教育研究所（New Zealand Council for Educational Research）が管理・運営しているため、実際に使用した教師からのフィードバックに基づいて常にアップデートされる点が特徴である。「PaCT」は、AIを活用しながら、難易度の異なる問題を複数出題することで、子どもの学力実態を容易に把握することを可能にする。子どものつまずきや考えるプロセスまで記録することができるため、子どもがどのような問題でいかなる間違いをしたのか、教師が把握し、またそれを子ども一人ひとりについてデータとして蓄積していくことができる。「PaCT」は後述するナショナル・スタンダードとも連動させることが可能なため、教師が子どもの学力をナショナル・スタンダードに照らして判断・評価することもできるようになっている。

教育省は、こうした評価ツールを活用するための研修も頻繁に開催しており、評価ツールの周知と活用に積極的な姿勢を指摘することができる。子どもの学力の評価には多様な観点や情報が求められ、それらを精査し、適切に扱うことが求められるし、子どもの実態を的確に把握すること、そして教師による教授がどの程度の効果をもたらしたのかを正確に把握することが必要である。それゆえ、評価ツールの開発と普及、そして評価の工夫に力が注がれていると考えられる。

(2) ナショナル・スタンダードのインパクト

２０１０年以降、段階的に導入されたナショナル・スタンダードは、1〜8年生（初等教育）を対象に、算数（Mathematics）、読み（Reading）、書き（Writing）の3分野から構成される。(6) 各学年で子どもが身につけるべき、あるいは達成すべき事項を示したものであり、教師が子どもの学力を評価する際に参照すべきものとして位置づけられている。既述の通り、ナショナル・カリキュラムは学習領域ごとに8つのレベルに区分され、かつ各レベルが求める事項を身につけるべき対象学年が明示されているが、ナショナル・スタンダードは、学年ごとに身につけるべき事項を明示している。例えば、1年生の算数のスタンダードでは、1年生において身につけるべき事項が、イラストや図表とともに、指導上の留意点等も含めて示されている。

ナショナル・スタンダードが導入されたことによる影響として、以下の2点を指摘できる。

第一に、学校や教師に対して、当該学年において子どもがいかなる事項をどの程度身につければよいのかをカリキュラムとの関連から明確にすることである。身につけるべき事項が明示されたナショナル・スタンダードは、教師にとって何を教授すればよいのかについての指針となり、同時に、子ども自身の理解が現状どの程度のものであるのかを判断する基準を提供することとなる。教師は、ナショナル・スタンダードを判断基準とし、それぞれの子どもの学力の進捗と位置を把握することができる。理解が遅れている子どもを早期に確認することもでき、そうした子どもに対して適切な支援を提供できるきっかけもつくることができるだろう。また、身につけるべき事項が明確化されていることから、子どもの現状に鑑み、次の学びへの指導の手立てを見いだすことも期待される。ナショナル・スタンダードが、教師が子どもの実態を把握し、次の指導への手立てを考案する一助として機能していることが挙げられる。

第二に、保護者に対してアカウンタビリティを果たすことである。ナショナル・スタンダードは、少なくとも年2回、子どもの学力をスタンダードに照らして確認することを求め、結果を保護者に対して説明することを課している。保護者は自分の子どもの学習の状況や理解度について、定期的に学校側から説明を受ける機会を得ることができ、国が定める基準の中で自分の子どもがどの位置にいるのかを把握することができる。他方、ナショナル・スタンダードは、子どもの学力を「above（超えている）」、「at（同程度）」、「below（下回っている）」、「well below（かなり下回っている）」の4段階で評価することを課している。各学校はチャーターにおいて、ナショナル・スタンダードとの関連から自校の子どもが達成すべき学習目標を設定し、記載することが求められており[7]、その達成状況を年次報告書に示し、教育省、保護者や地域住民に対して説明しなければならない。どの程度の割合の子どもがナショナル・スタンダードを満たしているのか、あるいは満たしていないのかを意識しなければならないこととなり、それは、自律的な学校経営のもとで教師の裁量や専門性が重視される一方、ナショナル・スタンダードに準じた教育活動を展開しなければならない状況を生み出しているとも考えられる。ナショナル・スタンダードは、子どもの学力に対する学校の責任をより明確にし、また、各教師がスタンダードを意識した教育活動を行わざるを得ない環境を作り出したと言える。

3 学校群に基づいた教育実践

各学校の独自の取り組みを重視してきたニュージーランドにおいて、近年、学校群（Communities of Learning）を構築し、学校間協働を促進する動向を看取できる。背景には、子どもの学びの軌跡を重視すること、地域全体で子どもを育成すること、という目的がある。各学校の自律性が重視される環境においては、子どもの獲得競争に見られるように学校間の競争的環境が生じ、学校同士のつながりが希薄化してしまうことが指摘される。しかし、初等学校を卒業した後に中等学校に行く子どもにとって、たとえ学校が変わったとしても学びは継続していく。子ども一人ひとりの学びの軌跡を重視するためにも学校群を構築し、学校間の連携、協働を意識した教育活動が行われるようになっている。学校群を構築するための要件として、初等学校と中等学校の両方の学校種を含めることが挙げられていることも、その証左として捉えられるだろう。[(8)] また、当初「Communities of Learning」と変更されたことに鑑みると、学校間のつながりだけでなく、子どもの学びを重視し、地域全体で子どもの学びや育ちを支援していくという姿勢、当該地域の将来を担う子どもたちを、地域全体で育てていこうとする志向も読み取ることができる(9)。

学校群を構築するためには、学校群ごとの達成目標（Achievement Challenge：以下、ＡＣ）を設定することも求められる(10)。各学校は、共通のＡＣのもとに学校群を構築し、ともに協働しながらＡＣの達成をめざすのである。ＡＣは学校群の各ＢＯＴとも共有することが求められている。

では、学校群においては子どもたちにどのような学力を身につけさせようとしているのか。それを具体化したものが、ＡＣである。既述の通り、各学校は学校事情を踏まえたうえでチャーターを作成し、その実現をめざした教育活動を展開している。チャーターには、当該学校が子どもに身につけさせたい力、めざす子ども像が描かれている。それは、保護者や地域住民の想いを反映したものでもある。さらに、ナショナル・スタンダードに対する達成目標もまた含まれている。そして各学校は、チャーターを遵守するための手立てや計画を作成し、実践し、そして自ら振り返るというプロセスを繰り返すことで、学校を経営している。ＡＣは、学校群内の各学校のチャーター、及び地域性等を踏まえたうえで設定される。学校群は、ＡＣ達成のための手立てや計画をそれぞれに作成・実践していくのである。各学校群のＡＣはウェブページ上で示されており[11]、各学校群がどのような子ども像を描き、いかなる達成目標を掲げ、教育活動を行っているのか、確認することができるようになっている。

例えば、南島のダニーデンのある学校群では[12]、ナショナル・スタンダードに照らした学校群内の子どもの現状分析を踏まえて、「算数において、○％以上を〝at〟〝above〟にする」というACの他、「協働的探究心」「コミュニケーション力」「リーダーシップ力」「イノベーション力」をACに掲げている[13]。それは、同学校群の子どもの実態から導かれたものであり、学校だけでなく、保護者や地域住民も巻き込んだ形で、地域全体で子どもたちに身につけさせようとしている力として位置づけられるだろう。そしてまた、こうしたACに掲げた学力をどのように子どもたちに身につけさせるのか、その方法を検討するのも学校群である。一方、北島のオークランドのある学校群では[14]、ナショナル・スタンダードに照らした「読み」「書き」に関するACに加えて、学校群と地域との関係性に鑑み、「保護者や地域住民のさらなる学校経営への参画」をACとして設定しており、4年計画における各年度の達成目標まで詳細に示している[15]。これまで同国においては、各学校を主体とした取り組みが主流であったが、学校間協働を基軸とした子どもたちの育成が展開され始めている[16]。

1980年代後半の教育改革は、各学校に大幅な権限を付与し、学校の自律化を推進するものであった。ナショナル・カリキュラムやナショナル・スタンダードという国が示す基準等は存在するものの、基本的に子どもたちにどのような学力を身につけさせるのかを検討・決定するのは学校であり、そこで働く教師である。自校の実態分析からチャーターを作成し、チャーターにおいて設定した目標達成のために適切な教育活動を選択し、実践する。そして、その成果を自ら振り返り、次の取り組みへとつなげていく。BOTは、PDCAマネジメント・サイクルを繰り返しながら教育活動を展開し、かつそのレベルを向上させていくことが求められるのである。教育実践を充実させるためには、子どもたちの実態把握・分析が不可欠となる。そのため、実態を把握するための多様な評価ツールが開発され、また評価ツール活用のための研修等も盛んに行われるようになるのであろう。そして、各学校の教育の質をEROが確認する仕組みとなっている。同国の教育実践においては、各学校の自主性・自律性を尊重する姿勢が通底されていると捉えることができる。

一方、学校の自律化は、各教師の専門性に依存する部分が大きく、教師の力量向上が教育の質の向上に直結する。求められる学力が本当に子どもに身についているのか、それを確認するのはそれぞれの教師であるし、そもそも各学校が設定する子どもに求める学力が学校ごとに異なる状況が生じうる。そう考えると、自律化は学校間の取り組みの相違、教育活動のＰＤＣＡマネジメント・サイクルや学校経営がうまくいっている学校とそうでない学校を生み出す可能性を導き、[17] ＥＲＯによる確認作業はあるものの、すべての学校が公教育としての質を担保できているのかという疑問も生じる。各学校の自主性・自律性と公教育の質のバランスをどのように保つか、同国の今後の取り組みが着目される。

（高橋　望）

【注】

(1) The Education Act 1989, 61: Charters.

(2) 多くの学校は、このような教材室を持っており、多様な教材を準備している。

(3) ナショナル・カリキュラムにおけるレベル２の例を示している。教師がナショナル・カリキュラムを解釈し、レベル２の例（学習領域：英語）を示すことで、子どもに対して目標の具体的イメージを持たせるとともに学習意欲を喚起している。

(4) http://e-asttle.tki.org.nz/

(5) http://pactinfo.education.govt.nz/

(6) ２０１７年12月、政権交代によって誕生した新政権は、前政権が導入したナショナル・スタンダードの２０１８年からの廃止を決定した（https://education.govt.nz/news/national-standards-removed/、２０１８年９月25日確認）。本稿執筆現在（２０１８年９月）、ナショナル・スタンダードに代替する施策は発表されていない。そのため、ここでは、これまでのニュージーランドのナショナル・スタンダードの取り組みについて取り上げる。

(7) 現状分析を踏まえ、例えば、リテラシーにおいて「at」「above」に該当する子どもを○%以上にする、といった目標を設定することが多くみられる。

(8) 就学前教育機関は現状では任意となっているが、学校群に含めることが望ましいとされており、就学前教育から中等教育までの学びの一貫性が担保されるようになりつつある。

(9) 学校群を構築する際、当初は学校それぞれの取り組み基盤としながらも、学校同士のつながりを構築していくことが志向されたが、学校だけでなく地域全体という視点を持ち、子どもの「学び」に焦点を当てた学校群を構築することが重視されるようになったという経緯がある（Julien Le Sueur, Ministry of Education, Manager Education, Sector Enablement and Supportへのインタビューより。２０１７年11月24日実施）。

(10) ACの設定や学校群の運営等については、学校群内の校長が統括校長（Lead Principal）として任命され、責任を果たすこととなる。Ministry of Education, Community of Learning, Guide for schools and Kura, 2016.

⑾ https://www.educationcounts.govt.nz/know-your-col

⑿ 同学校群は、初等学校９校、中等学校１校の学校群である。

⒀ 事例に挙げた学校群のＡＣ、及び同学校群への訪問調査に基づく学校長へのインタビューより（２０１８年９月11日実施）。

⒁ 同学校群は、初等学校10校、中間学校（intermediate school）１校、中等学校１校、就学前教育機関１校の学校群である。

⒂ 複数の学校群のＡＣを概観すると、ナショナル・スタンダードに照らしたＡＣと、当該学校群固有の課題に照らしたＡＣの両方を設定している学校群が多いように思われる。それは、ナショナル・スタンダードの影響に加え、学校群における各学校、各地域が持つ課題を、学校だけでなく保護者や地域をも巻き込んで解決していこうとする志向と考えられる。

⒃ 学校群の構築に、少子化によって小規模校化が進み、一つの学校単位での教育実践を補完・充実させるという目的があるとも考えられる。

⒄ 学校群は、学校同士が資源等を補い合う点において、学校経営がうまくいっていない学校に対する支援的要素を含んでいるとも考えることができよう。

公立小学校の全体集会（様々な国の国旗が掲げられている）

公立小学校の教室

第3章

社会的正義の実現に向けた学力

――カナダ・オンタリオ州の取り組み

面　積▼998万5000㎢
人　口▼約3650万人
首　都▼オタワ
公用語▼英語・フランス語
※カナダ全体

この章で考えたいこと

ＯＥＣＤのＰＩＳＡにおいて、カナダは移民が多い多文化社会であるにもかかわらず、非常に優秀な結果を示したことで知られている。２０００年調査では、オンタリオ州、ブリティッシュ・コロンビア州、ケベック州、アルバータ州の平均スコアが、当時学力世界一と注目されていたフィンランドよりも高いことが指摘されている。２０１５年調査の結果でも、読解リテラシーにおいて、この4州がトップ5に入っている(1)（資料）。また、カナダは移民の子どもの割合が非常に高いにもかかわらず、移民第一世代、第二世代の学力がネイティブの学力と同程度であることが明らかになっている(2)。

一般的には、文化的・言語的背景が多様であればあるほど、学力不振を生み出しやすい。なぜなら、学校で何を教え学ぶかという点において、支配層の文化が反映されやすいため、文化的・言語的少数派にとっては、学習へのアクセスが保障されにくいからである。後述するように、カナダ国内で最大の人口を抱えるオンタリオ州は、人種、言語、家族構成や形態、宗教等において多様な社会構成となっている。にもかか

資料　カナダ主要4州のPISA2015の結果（カッコ内は平均点）

	読解リテラシー	数学リテラシー	科学リテラシー
参加国中1位	ブリティッシュ・コロンビア州	シンガポール（564）	シンガポール（556）
オンタリオ州	5位（527）	18位（509）	12位（524）
ブリティッシュ・コロンビア州	1位（536）	9位（522）	3位（539）
アルバータ州	3位（533）	14位（511）	2位（541）
ケベック州	4位（532）	3位（544）	5位（537）
カナダ全体	7位（527）	12位（516）	10位（528）

出典：Council of Minister of Education, Canada.（2016）より筆者作成。

わらず、同州の学力調査の結果が優れているとしたら、そこには社会的・文化的・言語的な多様性が学習を阻害しない何かしらの仕組みや取り組みがあるはずである。

本章では、カナダ・オンタリオ州において目指されている学力がどのような性質のものであるかについて近年の政策文書を検討しながら明らかにする。次いで、こうした学力観が州のカリキュラムや教育実践にどのように現れているのかを検討する。こうした作業を通して、多様な背景を持つ子どもが共に学ぶ学校での学力形成は何を課題とすべきかを考えてみたい。

1 多文化社会カナダ・オンタリオ州

まず、オンタリオ州の社会・文化的な背景を押さえておきたい。州内には、２００以上の母語が確認されている。英語を母語とする人は全体の69・１％、フランス語を母語とする人は４・２％である（いずれも２００６年時点）。この多言語状況の背景としては、１つには、先住民族の増加傾向があげられる。州内における先住民族の増加率は非先住民の４倍であり、先住民の35・７％が19歳以下であることから、就労・就学のために都市部へ移住していることが読み取れる。２つには、カナダへの移民の大半がオンタリオ州に定住していることである。２００１年から２００６年にカナダに移民した人々約１１０万人の内52・３％がオンタリオ州に定住している。１３６０万人の州人口の内、２７０万人の住民が自らを可視的マイノリティ（visible minority：先住民族を除く、非白人系人種または肌の色が白くない人々）と見なしており、これはカナダ全体の可視的マイノリティの約半数を占めている。また、移民の約９％が難民である。

これらに加え、家族形態や宗教においても多様性を増していると指摘されている。

例えば、ひとり親家庭は2001年から2006年の間に11・2%増加している。また、同性カップルが2001から2006年の間に40%増加していることなどがあげられる。宗教については、全体の5分の1はイスラム教、ヒンズー教、仏教、ユダヤ教など多様な信仰を持つ状況となっている。

以上から、オンタリオ州は、多文化国家カナダのなかでも特に多様な言語・文化を有する社会状況にあると言ってよい。このことは、取りも直さず学校教育において、こうした多様性をどのように価値づけ、考慮していくのかという問題を引き起こす。オンタリオ州において、こうした社会状況と高い学力を結びつけているのは何なのか？　この点を明らかにするため、次にオンタリオ州における学力保障政策を分析していくことにする。

2 オンタリオ州において目指される学力像——卓越性と公正の追求

カナダは、10の州（province）と3つの準州（territory）からなる連邦政府である。連邦政府に学校教育を所管する省庁はなく、憲法の規定により各州政府の責任・管理下にある。また、各州内においては、学区（school district）の自律性が高いことも特徴の1つである。州政府が決めたことを学区委員会や学校を通して教師に下ろしていくという発想ではなく、学校や教師レベルでの決定を保障する仕組みだと言える。

2003年から州首相に就いたダルトン・マクギンティ（Dalton McGuinty）自由党政権下では、公正と平等の理念が強く掲げられ、様々な社会政策が展開していった。2013年以降現在に至るまでは、同じ自由党のキャスリーン・ウィン（Kathleen Wynne）が州首相を務めている。ウィン首相はマクギンティ前政権では教育大臣であった。

マクギンティ政権時から現政権まで一貫している教育政策の柱として、卓越性（excellence）をすべての子どもに保障することと公正（equity）の追求が強調され、そのための教育の形態としてインクルージョン（inclusion）を掲げている。以下、主要な教育政策文書の内容を示しながら、オンタリオ州において卓越性と公正が同時追求されていることを確認しておきたい。

2009年に州教育省から出された『オンタリオの公正とインクルーシブ教育の方略』では、優先事項として、「高いレベルの学力達成」「生徒の学力格差の縮小」「公教育への信頼を高める」の3つが掲げられ、これらを達成するために公正でインクルーシブな教育が基礎となると提起されている。(3) この場合の「公正」とは、移民、低所得階層の子ども、先住民の生徒、男子生徒、特別な支援を要する生徒など低学力の危機にある子どもたちの学力を改善することを意図している。そして、その改善のためには、生徒たちの積極的な参加が保障され、個々が尊重され、彼ら自身が学習環境に反映されていると感じられるようにすることが不可欠であるとしている。差異の共同をインクルーシブととらえ、そうした教育が公正であるとの認識がうかがえる。

２０１４年に州教育省が出した『卓越性の達成――オンタリオ教育の新たなヴィジョン』では、州の学校教育について、「卓越性の達成」、「公正の確保」、「幸福の促進」、「公的な信頼を高める」という4つの目標を設定している。(4) この文書では、上述の２００９年の文書よりも「卓越性」の中身について述べられている。

ＰＩＳＡ以降、多くの先進国では程度の差はあれ、いわゆるグローバル・コンピテンシーの形成を意識したカリキュラム改革へと舵を切っている。オンタリオ州でも「卓越性」を掲げるとき、その中身として批判的思考や論理的思考といった「高次の思考力（higher order thinking）」形成とコミュニケーションや協同性などの社会情動的スキルを求めている。しかし、これらを知識基盤社会において必要とされるコンピテンシーと過度に結びつけていない。これは、ＰＩＳＡの結果を分析した報告書においても「オンタリオ州の政策では、『より優秀な人材を得る』ということは重視されていない。代わりに、考え方としてあるのは、持っている能力を使ったり、技術を向上させることである。こうした点でも、オンタリオ州のモデルは、より市場原理的な改革理論に挑んでいる」と指摘されている通りである。[5] この点は、アメリカのATC21Sの21世紀型スキルやOECDのキー・コンピテンシーと距離がある。

また、『卓越性の達成』(前掲)からは、オンタリオ州が目指す「公正」がどのような状態を意味するかも読み取ることができる。それは、「オンタリオ州における多様性は、この州の強みの一つである」(p．8)、「寛容さや称賛を超えて多様性をインクルージョンへと導き、尊重し合うことは、オンタリオの教育を世界で最も公正な教育にする」(p．8) と述べていることからも、多様性が単なる「違い」の称賛ではなく、差異が共同することによって生み出される文化の豊かさや高まりを公正な状態ととらえている。

さらに、「オンタリオの学校は、あらゆる人々が高い期待の文化の中で成功する場となる必要がある。学校は、教育者と生徒が多様性を価値づけ、互いに尊重し合い、彼ら自身が学習内容に反映されていると見なすことができる場となる必要がある。もっともリスクを抱える(at risk)生徒の学習を最大限可能にする環境を提供することがとりわけ重要である」（p．8）と述べているように、公正の射程は、周辺部の子どもたちに向けられ、彼らのバックグラウンドを学習内容やプロセスに反映させることで、学習への「アクセス」を保障しようという姿勢が読み取れる。

以上のように、多様性を不可欠の要素として高い学習水準を達成するというスタンスが強調されている。多様性は、社会や子どもにとっての障壁ではなく、高いレベルの成功をもたらすための土台として位置づけられている。「公正と卓越性は手に手を取って実現する」（p．9）と述べられているように、両者は二項対立でとらえるべきものではなく、インクルーシブな教育によって、相互の尊重を軸とした関わり合いを促し、それがすべての子どもに学習へのアクセスを保障し、高い達成をもたらすと理解されている。

２０１７年には、子どもたちの学力を保障するため、学校と教室から差別的な実践、制度的な障壁、偏見を取り除くことを目的に『オンタリオの教育　公正アクションプラン』が策定されている[(6)]。ここでは、学校が多様性を学び、経験する場となる必要があるとの認識から、学校全体及び各教室での教育活動が、生徒とスタッフの多様性を反映し、応答的なものになるよう求めている。それがオンタリオにおける「インクルーシブ」の意味するところであり、「文化応答的教授（culturally responsive teaching）や「文化的に関連のある教授（culturally relevant teaching）」による教育実践の推進が強調されている。そうした教授スタイルは、「すべての生徒が彼らのバックグランド、言語、家族構成、社会的・文化的アイデンティティに結びついた方法のなかで学ぶことを推進するものである」（p．16）。そのためには、子どもたちの多様なバックグラウンドを反映した教育内容が準備される必要がある。そのほかにも、進路選択のサポート、停学・退学・排除の解消、公正とインクルーシブ教育への親の関与を促すことなどについて、具体的な方策を学校に求めている。

以上のように、現在のオンタリオ州において追求されている学力の基底には、卓越性と公正が強く位置づけられている。すなわち、オンタリオ州では、グローバル社会においても通用する高次の思考能力や社会情動スキルの向上を図りながらも、それを公正な社会実現に向けて行使する力の形成を学校教育の課題としている。卓越性と公正は一方を追求する上で相補性のあるものとしてとらえられ、同時追求されているのである。では、卓越性と公正の同時追求が具体的な教育内容や教育方法にどのように現れているのか？

3 卓越性と公正とを追求する教育実践

(1) 多様性の社会的構築を問う教育方法

教育内容と教育方法を構想する上での基本コンセプトとして提起されているのが、「文化応答的な教授」というものである。まずこのコンセプトについて説明しておく。この場合の「文化」とは、エスニシティ、人種、信仰の典型的な理解にとどまらず、生徒の社会的アイデンティティに反映されているものであり、「知り方（ways of knowing）」「世界での在り方（ways of being in the world）」そのものであるととらえられている。文化応答的な教授とは、「文化的なユニークさ」を承認するだけのものとは異なり、生徒の背景知識や家庭・地域での先行経験をカリキュラムや授業に統合するものである。したがって、「文化」に応答するということは、多様な背景を持つ子どもたちの生活現実からアクセス可能な学習を構想することを意味する。

こうした学習を構想するために求められる教師の力量を、以下の6点に特徴づけている。(7)

1　社会文化的な意識：どのように社会文化的構造が個々の生徒の経験や機会に影響を与えているかについての意識。権力と特権の配分に関する理解、人のアイデンティティが社会的に構成されているという理解。

2　生徒の多様な背景を欠陥や限界としてではなく肯定的に理解する。

3　より公正な社会実現に向けて障壁を取り除き、すべての生徒に利益をもたらす学習環境を創り出す。

4　構成主義的なアプローチ：学習者が知識を「構成する」という学習観。生徒の「生きられた経験（lived experience）」とつながったカリキュラム。ローカルなことがらに基づいて授業を実践する。

5　深い生徒理解：生徒および生徒の家族の生活を理解し、その理解を教室での日常的な学習に反映することができる。

6　文化に応答する授業実践：生徒の先行経験に基づいた授業を構想し、実践できる。社会的正義に関する批判的な分析や行動を含むインクルーシブ教育によって、生徒の社会文化的な意識を形成する。

「文化応答的な教授」とは、あくまで理念的なもので、具体的な教育手法そのものではない。ここで打ち出されているのは、学ぶという行為を社会的文脈に埋め込まれた営みであり、情報の伝達ではなく学習者の側からの意味づけや関係の構築として捉える見方である。そして、学校での学びを社会的公正の実現に向けている。これらは、オンタリオ州で長く取り組まれてきた種々の教育実践の蓄積を理念的に整理したものと言えるだろう。

その教育実践の中心として、批判的リテラシー形成や批判的思考形成が挙げられている。理論的にはこの2つは同じではないが、オンタリオ州では、この両者の要素を併せ持つ形でリテラシーを以下のように定義している(8)。

リテラシーは、考えを批判的に読み、書き、聞き、見て、表現し、考えるために、豊かで多様な形式の言語とイメージを使用する能力と定義される。そこには、情報にアクセスし、管理し、評価する能力、創造的・分析的に考える能力、そして効果的に考えやアイデアを伝える能力が含まれている。リテラシーはまた、公平さや公正さ、社会正義の問題に関して問題を解決し、判断を下すための批判的思考や論理的思考も含んでいる。リテラシーは、個人と共同体を結びつけるものであり、個人の成長とともに結束した民主主義社会への積極的参加のための不可欠なツールである。

この定義は、オンタリオ州が目指す学力が卓越性と公正の両方を追求していることをわかりやすく表現している。創造的思考や分析的思考といった知識社会で求められる高度な思考力を求めながら、他方ではそれを経済的な利益優先ではなく、あくまで公正・公平な社会実現のために行使していく力としてリテラシーを定義している。

(2) 知識構築のプロセスとしての学び――Knowledge Building

2節でもふれたように、オンタリオ州でも「卓越性」を掲げるとき、その中身として批判的思考や論理的思考といった「高次の思考力」形成とコミュニケーションや協同性などの社会情動的スキルを求めている。しかし、序章で指摘されているような日本における思考スキルの動向と異なるのは、知識を構築するプロセスとして学習を構想しようとしている点にある。オンタリオ州では、この学習コンセプトを「知識構築（Knowledge Building：以下、KB）と名づけ、探究を中心とした授業づくりに取り組んでいる。

ＫＢは、トロント大学オンタリオ教育研究所（Ontario Institute for Studies in Education of University of Toronto）のカール・ベライター（Bereiter, C.）とマーレーン・スカーダマリア（Scardamaria, M.）によって理論的に提唱され、同研究所付属の実験学校（The Laboratory School at the Dr. Eric Jackman Institute of Child Study）において実践開発が進められてきたものである。[9] ＫＢは、学習者に知識の構築と編み直しへの共同的な責任を与える活動であると定義されている。[10]

ベライターとスカーダマリアは、１つの答えを前提としながら探究的に学ぶ学習を「ガイドされた発見学習（guided discovery learning）」と批判し、研究者と同様、子どもたちも学校や教室というコミュニティのなかで他者と対話を重ねながら自ら問いを立て、探究を組織していく主体であると位置づける。ＫＢは、科学者の研究活動のように、学校という場で子どもたちに〝本物の〟探究活動に取り組ませようという試みである。

知識構築といっても、完全にゼロから子どもの探究学習を展開していくわけではない。多くは州のカリキュラムに提示されている内容から展開されている。ＫＢの学習プロセスで重視されているのが「知識構築サークル対話（knowledge building circle）」というものである。

以下の例は、小学校2年生の理科で鳥類を学ぶ導入段階のサークル対話である。(11)学習は、学校の敷地内にいる鳥を観察する散歩をした後に観察ノートを作るところから始められている。この散歩の途中、ある子どもが鳩の群れを見て「なぜ一羽だけ白くて、残りは全部黒なんだろう？」と疑問を投げかけた。教師は、散歩の後に子どもたちを車座にし、その子どもに疑問を全体に投げかけるよう促した。

子どもA：鳩はそれぞれ異なる色をしているよ。すべての鳥は、同じ種類だとしても同じではないと考える人がいます。なぜなら、鳥たちは共通ではない異なるものをもっているので……。

教　師：あなたは1つの種類の中に異なる鳥が存在すると言っているのね。だから、1つの種類でもとても異なって見えると。その上で異なる種類の鳥がいるというのね。

子どもB：もし、異なる種類の鳥が存在し、それらが仲間であるなら、異なる種類の鳥はできないと思う。

教　師：では、何が種類の違いを作ると思うの？

子どもB：もし、ハチドリと鳩が結婚するみたいに、異なる種類の鳥同士が仲間になると……。

教　師：何が起きるの？

子どもB：半分がハチドリで半分が鳩のような鳥が生まれる。

教　師：そんなこと本当に起きるのかしら…

子どもA：ひな鳥は1秒に100回羽根を動かすと思うよ。

子どもB：そして、そのひな鳥はグレー色だろうね。

子どもC：Bの意見に付け加えるんだけど、この本でシマウマと馬が結婚したら、縞のある馬ができたと書いてあった。

子どもB：それと同じだね。

教　師：あなたたちは、馬とシマウマで起きることが鳥にも起きると考えるのね。では、種は交配することができるの？　だから多くの異なる鳥がいるの？

子どもB：そう、だから新しい鳥ができる。

教　師：じゃあ、鳥の種類はどう作られるのが答えなのかな？

子どもB：1羽の鳥から……

子どもC：私思うのだけど、おそらく別々の家族から来ていて、それでなんていうかよくわからないんだけど、動物が別の動物と結婚して鳥になって、それで次に鳥が……。

教　師：何回も変化するのね？　誰かそれを表す大きなことばを知らない？

子どもB：絶滅？

子どもD：変形？

こうした対話に丁寧に時間をかけることを通して、子どもたちは素朴な疑問から学習の問いを設定し、その問いを検討し合い、また探究して明らかになったことを報告したり、新たな問いを提案したりしていく。上記の対話では、「絶滅」と表現しているように、まだ誤った概念を持っているが、導入段階であるため教師はあまり厳密に言及せず、必要に応じて本を読ませたり、情報を提示したり、さらなるサークル対話を行うとしている。

サークル対話にすべての子どもが参加できるように、「足場（scaffolds）」となる表現も提示される（「私は不思議に思うんだけど……」「この理論は○○について説明していない」「私たちは○○についてのエビデンスを必要とします」などの表現型）。KBにおいて、対話のプロセスは、これら伝え合うスキル自体の習得を重視しているのではなく、知識の構築（再構築）に必要不可欠なプロセスとして位置づけられている。

1つの大きな問いについてのサークル対話を出発点として子どもたちはそれぞれに探究を進めていくが、子どもたちの意見の違いや関連、問題に対するアプローチの違いなどは、KB Wallという教室の壁面を利用したディスプレイで常に子どもたちが見られるように教師は掲示していく。これらもまた「足場」となり、子どもたちが知識構築（再構築）を展開していくと捉えられている。

(3) 探究と社会的正義の学び

筆者は、2009年と2017年にトロント市内・近郊の学校を12校ほど訪問する機会を得たが、いずれにおいても探究学習とともにカリキュラムの基本理念として「社会的正義（social justice）」が掲げられていた。社会的正義を実現するという公共的使命が学校での教えと学びの本質であるという理解がそこには見て取れた。

アジア系移民が多く、貧困も深刻な地域にあるアルダーグルーブ公立学校（Aldergrove Public School）は、社会的正義に基づいた探究を学校全体のヴィジョンにして教育活動に取り組んでいる。とりわけ、その中心に批判的リテラシーの形成を位置づけている（写真）。この学校では、オーストラリアの教育学者アラン・ルーク（Luke, A.）らが提唱する「4つの読みのモデル」を理論枠組みとして採用してい

写真

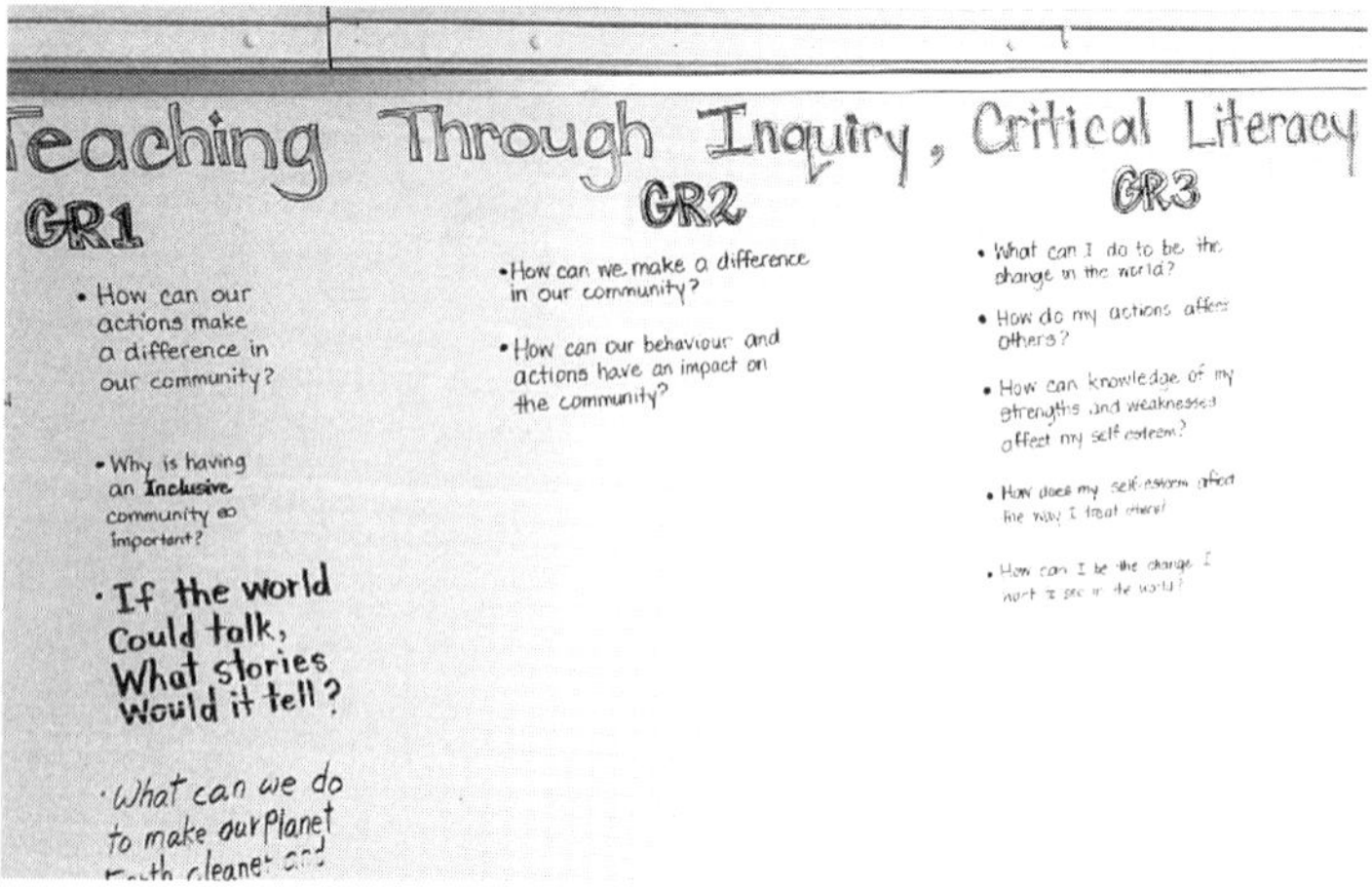
Teaching Through Inquiry, Critical Literacy
GR1
• How can our actions make a difference in our community?
• Why is having an Inclusive community so important?
• If the world Could talk, What stories Would it tell?
• What can we do to make our Planet
GR2
• How can we make a difference in our community?
• How can our behaviour and actions have an impact on the community?
GR3
• What can I do to be the change in the world?
• How do my actions affect others?
• How can knowledge of my strengths and weaknesses affect my self esteem?

る。(12)生活現実の中でどのような文法構造が使用され、どのようなことばと意味の選択が行われているのか、それによってどのような人々が表現され、また排除されているのかを分析することを通して、「現実」と言語・言説との関係に対する批判的態度と文脈化された知識・スキルを形成しようとしている。

この学校では、子どもの家庭背景（人種、言語、階層）、地域との対話を重ねながら、社会的正義の理念に基づいた探究学習＝批判的リテラシー形成のための基本となる問い（Guiding Questions）をつくりだしている。例えば、8学年では、「知識のレンズを通して、どのように社会的正義／不正義の問題を理解することができるか？」「私の知識はどこから来るのか？」「どのように知識は行動を起こすための土台を提供してくれるのか？」「私たちはどのように社会のすべての人々の貢献に意識を向けることができるのか？」といったものが設定されており、こうした問いに向かって教科・教科外の学びを組織していくのである。

4　カナダ・オンタリオ州からの示唆

以上のように、オンタリオ州における学力保障の取り組みのポイントは2つである。1つは、学校での学習を知識構築のプロセスとして構想すること、そしてもう1つは、そうした探究のプロセスを社会的正義の実現という社会的文脈に埋め込んで展開していくことである。表現や思考のスキルは、子どもたちが知りたい・明らかにしたい具体的な問い（生活や社会）と結びついてはじめて意味をなすものである。現地の学校で社会的正義がカリキュラムの基本理念として掲げられるのも、子どもたちが生きる現実社会と結びついて学んでいこうとするとき避けては通れない論点だからである。社会に存在する不平等を顕在化させることばを持たない限り、その構造を変えていくことはできない。そのことに大胆に、真っ正面から取り組もうとしている姿に学ぶべき点は多い。

（竹川慎哉）

※本章で扱ったカナダ・オンタリオの事例収集にあたっては、公益財団法人　豊秋奨学会の助成（2016-2018年）を受けた。ここに記して感謝申し上げる。

教室の入口には「ことばと思考は世界を変えられる」と掲げられていた

【注】

⑴ Council of Minister of Education, Canada.（2016）. *Measuring up: Canadian Results of the OECD PISA Study – The Performance of Canada's Youth in Science, Reading, and Mathematics-2015 First Results for Canadians Aged 15.*（https://www.cmec.ca/Publications/Lists/Publications/Attachments/365/PISA2015-CdnReport-EN.pdf）から筆者作成。

⑵ ＯＥＣＤ編著、斎藤里美監訳『移民の子どもと格差――学力を支える教育政策と実践』明石書店、２０１１年。

⑶ Ontario Ministry of Education（2009）. *Realizing the Promise of Diversity: Ontario's Equity and Inclusive Education Strategy.*（http://www.edu.gov.on.ca/eng/policyfunding/memos/june2009/EquityWeb.pdf）。

⑷ Ontario Ministry of Education（2014）. *Achieving Excellence: A Renewed Vision for Education in Ontario.*（http://www.edu.gov.on.ca/eng/about/renewedVision.pdf）。

⑸ 経済協力開発機構（ＯＥＣＤ）編著、渡辺良監訳『ＰＩＳＡから見る、できる国・頑張る国――トップを目指す教育』明石書店、２０１１年、ｐ．１００。

⑹ Ontario Ministry of Education（2017）. *Ontario's Education Equity Action Plan.*（http://www.edu.gov.on.ca/eng/about/education_equity_plan_en.pdf）。

⑺ Ontario Ministry of Education, 2013, pp.4-6.

⑻ Ontario Ministry of Education（2006）. *The Ontario Curriculum Grades 1-8: Language,* p. 6.（http://www.edu.gov.on.ca/eng/curriculum/elementary/language18currb.pdf）.

⑼ Bereiter, C. & Scardamaria, M.（2014）. Knowledge building and knowledge creation: One concept, two hills to climb. In S. C. Tan, J. Yeo（Eds.）, *Knowledge Creation in Education*（pp. 35-52）. Springer. ベライターは、１９６０年代アメリカにおいて貧困層の子どもたちに対する就学前教育プログラムに携わった中心人物であり、「セサミストリート」を生み出したということでも知られている。

⑽ Resendes, M. & Dobbie, K.（2017）. *Knowledge Building Gallery,* p.156（https://thelearningexchange.ca/wp-content/uploads/2016/11/KB-Gallery-draft.pdf）.

(11) 同右、pp. 46-47。

(12) ルークの理論については、竹川慎哉『批判的リテラシーの教育――オーストラリア・アメリカにおける現実と課題』明石書店、2010年を参照。

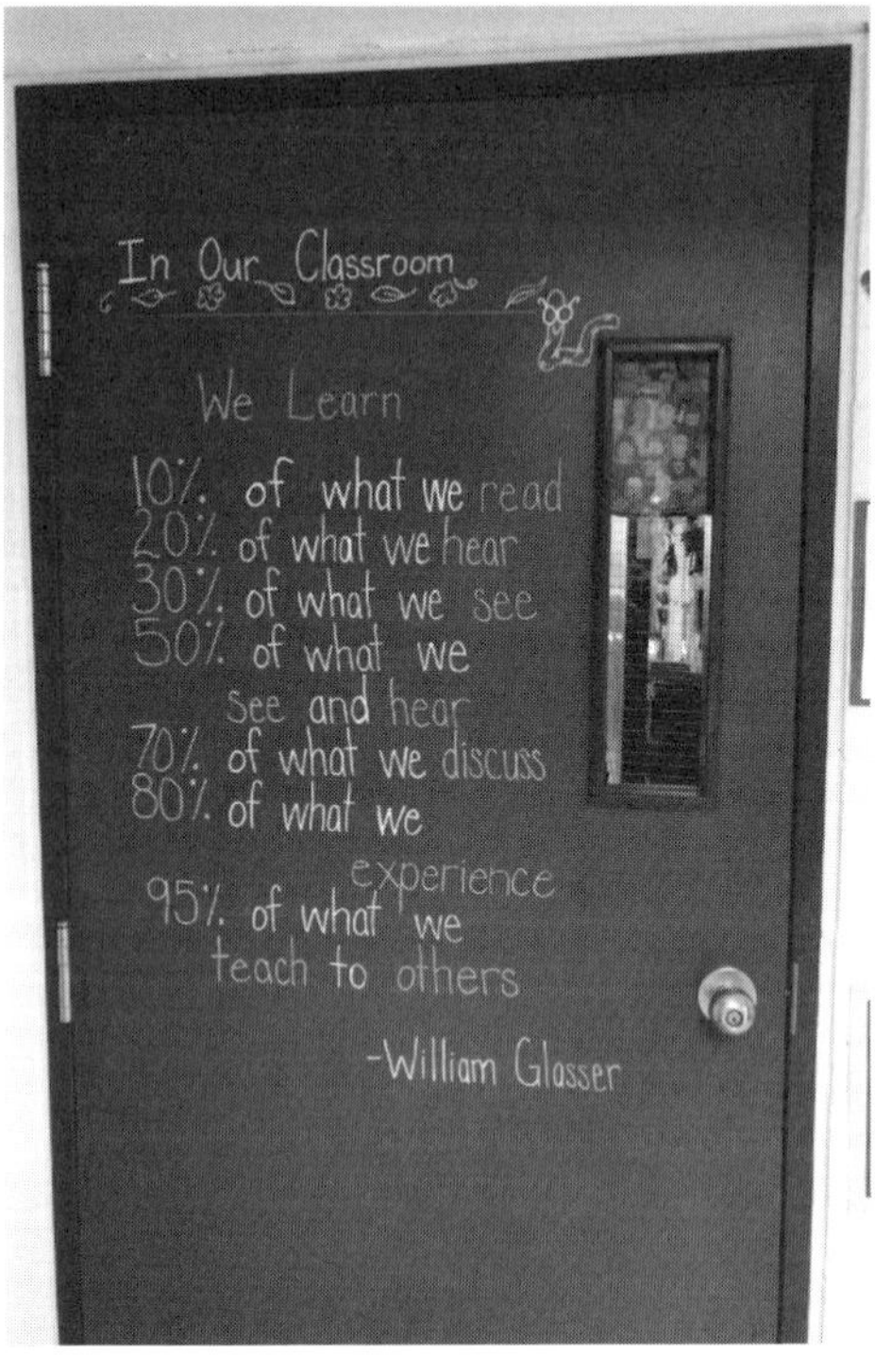

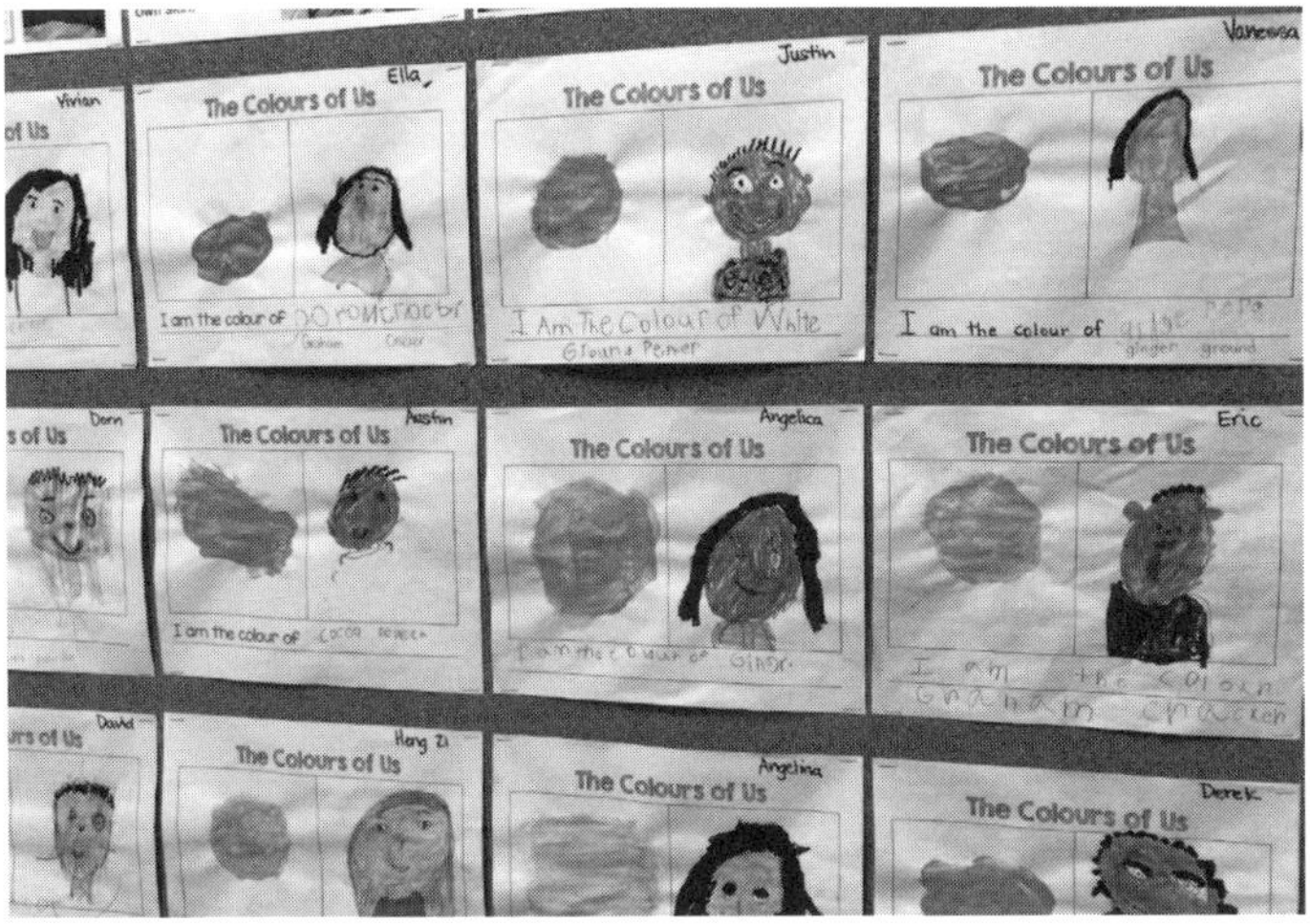
The Colours of Us
Ella
I am the colour of
Justin
The Colours of Us
I Am The Colour of White
Vanessa
The Colours of Us
I am the colour of
Austin
The Colours of Us
I am the colour of
Angelica
The Colours of Us
Eric
The Colours of Us
The Colours of Us
Angelina
The Colours of Us
Derek
The Colours of Us

第4章

学力・能力観をめぐる教育改革

——韓国のキー・コンピテンシーの策定とその課題

面積▼約10万㎢
人口▼約5200万人
首都▼ソウル
公用語▼韓国語

この章で考えたいこと

近年、多くの国・地域において教育改革のキーワードとしてキー・コンピテンシー（核心力量＝key competencies）が注目されている。[1] ＯＥＣＤは、１９９７年から２００３年まで、個人が成功して生きることや社会の発展のために要求されるキー・コンピテンシーの枠組みを明らかにし、DeSeCo（Definition and Selection of Competencies）プロジェクトを推進した。そこでは、３つのカテゴリーと９つの能力が設定されている。[2] ３つのカテゴリーと９つの能力とは、①社会・文化的、技術的ツールを相互作用的に活用する能力（言語、シンボル、テキストを活用する能力・知識や情報を活用する能力・テクノロジーを活用する能力）、②多様な集団における人間関係形成能力（他人と円滑に人間関係を構築する能力・協調する能力・利害の対立を御し、解決する能力）、③自立的に行動する能力（大局的に行動する能力・人生設計や個人の計画を立て実行する能力・権利、利害、責任、限界、ニーズを表明する能力）である。こうした能力の設定は、現代社会が高度な情報技術を基盤とした知識社会へと変化しており、それに対応していくための具体的なスキルが求められるようになったことを明示していると言える。

また、かなり広く用いられるようになった21世紀型スキルという概念もある。その中でも、アメリカの「21世紀型スキル共同事業（Partnership for 21st Century Skills: P21）」による枠組みは、韓国内でも関心を集めている。この枠組みでは、生徒のアウトカムとして、①教科及び21世紀の課題の習得、②学習スキル・革新スキルの習得、③情報・メディア・テクノロジーによるスキルの習得、④ライフスキル・職業スキルの習得という4点が挙げられている。

以上のOECDが提唱するキー・コンピテンシーや、21世紀型スキルという考え方は、現代あるいはこれからの社会にあって個人が有意義に生き、成長し、貢献していくために必要なことの指標を示していると言っていい。しかし、そこで示された能力やスキルの中身、すなわち具体性や妥当性については、大きな論争があることも確かである。(3) そうした中、グローバリゼーションの拡大等により、近代的メリトクラシー（能力主義）が教育において強く機能している韓国においては、２０１３年度から教育政策として「韓国型未来キー・コンピテンシー（２０１１~２０１５）」というスローガンが掲げられ、教育改革が推し進められている。これは、世界的な教育改革の流れに沿いながら、韓国独自の教育に対する考え方や状況を勘案し、提起されたものである。すなわち、コンピテンシーが学校教育カリキュラムの基盤となり、教育目標や評価の対象として位置づけられている。しかしながら、その現況、成果、課題等については、これまで詳しく検討されていない。特に、コンピテンシーを巡るカリキュラム改革の構成・特徴がどのように推移してきたのか、という点については一切明らかになっていない。

そこで本章では、ＯＥＣＤのキー・コンピテンシーとＰ21による21世紀型スキルの概念を踏まえながら、「韓国型未来のキー・コンピテンシー」で求められている学力の内実、およびその育成に向けた韓国政府の取り組みを中心に見ていく。まず、韓国内におけるキー・コンピテンシーの導入の理論的な背景とその展開を明らかにする。次に、キー・コンピテンシーを教育改革の1つとして導入している「２００９改訂教育課程（２０１１~２０１５）」「２０１５改訂教育課程（２０１７~２０２０）」（「教育課程」は日本の学習指導要領に相当する）を中心とした教育改革の動向について検討する。その際、特に「韓国型未来のキー・コンピテンシー」が何を意味するのか、その特徴及び現時点での課題を抽出する。最後に、キー・コンピテンシー教育の意義と今後の課題を提示する。こうした検討によって、韓国において求められる学力の内実とその育成に向けた取り組みが、今なぜ必要であり、新しい教育評価や授業づくりの実践にどのような影響を与えているのかが明らかとなると考えられる。

1 韓国のキー・コンピテンシーを巡る議論

韓国でキー・コンピテンシーを巡る研究が行われるようになったのは、「韓国教育開発院（２００１〜２００３）」の提言からである。ここでのキー・コンピテンシーの定義は、「生涯に渡って育成しなければならない能力」であり、学問的知識だけではなく、「できるようになる（learning to do）」「認知的ノウハウやスキル（cognitive know-how and skills）」などが強調された。また、２００７年度の「大統領諮問教育革新委員会」が練り上げた「未来教育のビジョンと戦略」では、ＯＥＣＤのDeSeCoプロジェクトやＰ21による21世紀型スキルを紹介しながら、21世紀の未来を生きていく子どもたちを、学校教育の中で育むためには、何より教師が児童生徒を支援することができる能力を備えることが喫緊の課題であるとされていた。

一方、教育研究者を中心とする立場から、コンピテンシーを中心とする教育では、知識の理解より特定の技術や能力を評価するところに焦点が当てられ、あらゆる課題において遂行（performance）のみが強調されているところに大きな問題があり、自由教育を脅かしかねないものとして批判されていた。さらに、教育分野においては、キー・コンピテンシー、コンピテンシースキル（competencies skill）、一般スキル（generic skill）、重要な資格（key qualification）など、様々なコンピテンシーが学校教育と関連づけて求められていた。しかしながら、このような考え方は、職業訓練と明確に区分され得ず、その実態や意義も明らかではなかった。

韓国内においてコンピテンシーの概念が広く定着することのきっかけとなる研究としては、コンサルタントのテクニカル・ディレクターおよびマネジメント等を専門とするスペンサーら（Lyle M. Spencer and Signe M. Spencer）（１９９３）による「深層コンピテンシーと表面コンピテンシー（Central and Surface Competencies）」[(4)]がある。この研究は、１９７０年代のはじめ、アメリカの心理学者マクレランド（D. McClelland）によってはじめて紹介された。マクレランドが１９７３年に発行した「知能よりもコンピテンシーのための検査（testing for competence rather than intelligence）」では、従来の学問的適性や知識内容を測るテストは、一部の少数集団、女性、社会経済的に地位が低い人々に不利に働くことが強く指摘されている。また、このようなテストは、職業の遂行や、成功した人生を送るためには、役に立たないことも明らかにされている。したがって、マクレランドの主張以降、従来のテストで重視された宣言的（結果的、内容的等）知識を中心とする教育では、実際の職業社会での成功につながらないという認識が広がり、その影響で、今度は職業遂行能力を予測することが可能なコンピテンシーモデルの概念が脚光を浴びることになる。

このコンピテンシーモデルは、仕事で成功をつかんだ人々が持っている個人の特性を検討し、指標化したもので、職務のコンピテンシーを検査するツールとして活用されたものである。主に企業の人材を適材適所に配置することや、個人の成果を評価するための基準を設けるために広く使用された。その後、職業や職務と関連づけてコンピテンシーが議論されるようになり、コンピテンシーそのものの意味や特徴を、改めて深く研究する必要が出て来た。その中で、深層コンピテンシーと表面コンピテンシーに分けてコンピテンシーの特徴を明らかにしていたスペンサーらの研究が注目されたのである(5)。

スペンサーらによると、コンピテンシーは、5つの類型に分けられる。動機、特質（traits）、自己概念（self-concept）、知識、スキルである。ここでの動機とは、ある行動をする最も根本的な要因であり、特質とは、ある状況や情報に対する身体的・心理的反応のことである。自己概念とは、個人の態度、価値、もしくは自意識を指し、知識とは、特定領域において個人が持っている情報である。最後に、スキルとは、特

資料1　深層コンピテンシーと表面コンピテンシー

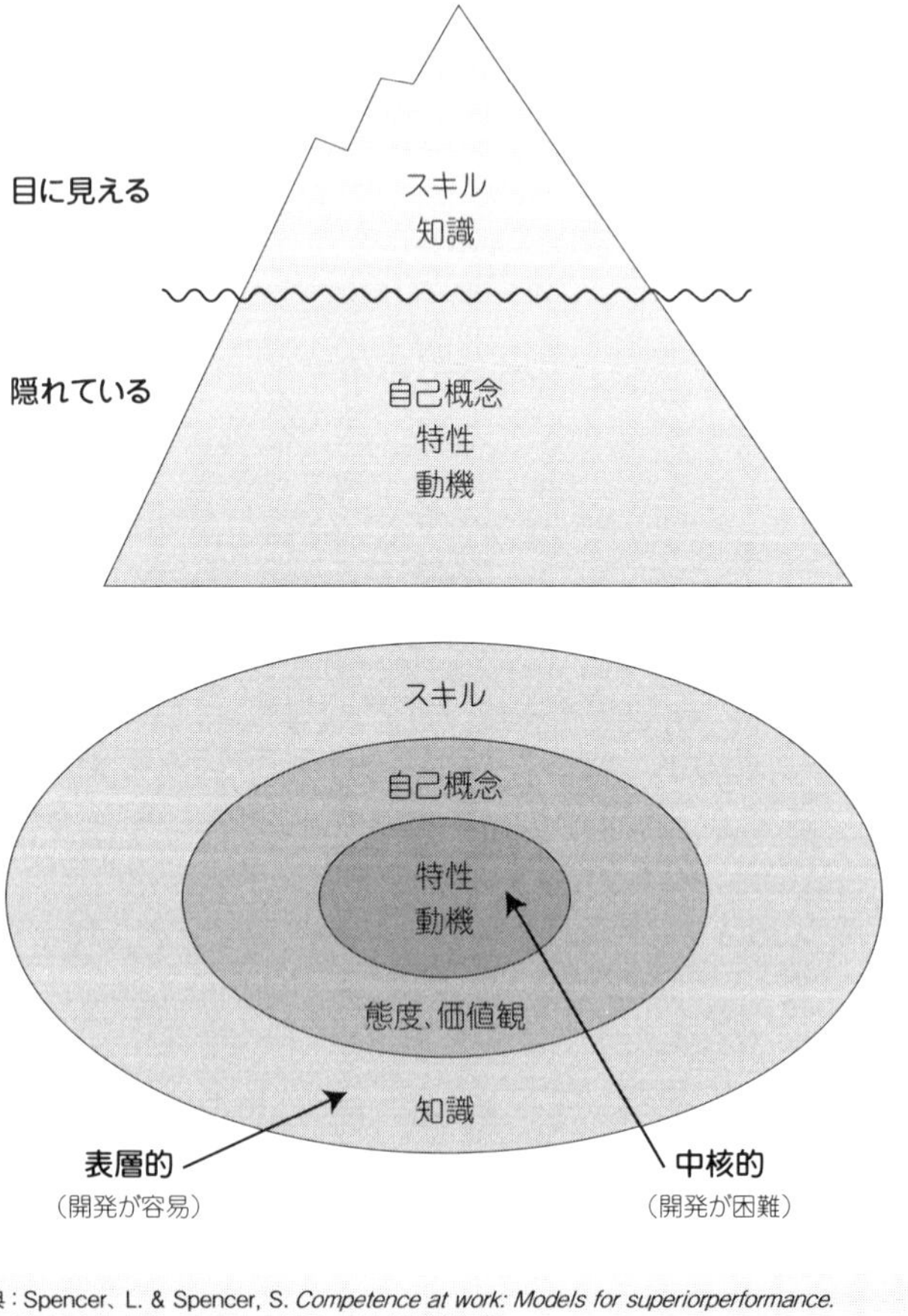

出典：Spencer、L. & Spencer, S. *Competence at work: Models for superiorperformance.* New York: John Wiley & Sons, 1993, p. 11より筆者翻訳。

定の物理的・精神的な課題を遂行できる能力を意味する。

資料1を見ると、知識とスキルは、他のコンピテンシーと比べて直接に目で確認できるものであり、表層に位置づけられる。一方、自己概念、特性、動機は、相対的に目で確認することが難しい深層的なものである。すなわち、知識とスキルは、教育やトレーニングによりコンピテンシーを効果的に開発・活用することが可能であるが、自己概念、特性、動機は、短期間で開発・発達させることや評価することが難しい。人間の内面に存在する自己概念、特性、動機は、コンピテンシーとしての開発はもちろん、相対的に変えることすら難しく、教育対象とするには慎重を要するものである。

また、こうしたスペンサーらが主張するコンピテンシーの概念は、比較的有能な人材を育成することを念頭に置いたものであり、ここでのコンピテンシーとは、職業や職務を成功して遂行させるためのものである、という批判があった(6)。

近年、韓国ではキー・コンピテンシーとは、21世紀の社会の中で個人が成功して生きるために必要な能力と捉えられている。ここには、学校教育がこれからの未来の社会で生きていく児童生徒の教育を担当している以上、その意義や教育方法を追求し続けていかなければならないという意識の転換が見られる。また、キー・コンピテンシーの定義は、意味と内容によって違いが見られる。教育課程関連で教育行政を主導す

資料2　韓国におけるキー・コンピテンシーの定義

キー・コンピテンシーとは、生まれつき持っているものではなく、学習によって得ることが可能な知的能力、人性（関心、態度など）、スキルなどを含む多次元的（multidimensional）概念であり、これからの職業世界や、成功した未来を生きるために必要な必修能力である。

出典：韓国教育課程評価院「未来キー・コンピテンシー開発のための教科教育課程の模索：教育課程、教授・学習及び教育評価の連携を中心に」研究報告RRC2013-2、2013年、p.17より筆者翻訳。

る韓国教育課程評価院では、韓国型のキー・コンピテンシーの開発のために韓国の教育評価およびカリキュラムを専門とするリー（Lee, Geun-ho）（２０１２）の研究を土台にして、キー・コンピテンシーを資料２のように定義している。

このような韓国におけるキー・コンピテンシーの定義では、未来の社会で生きていく児童生徒が備えるべき新しい能力でもあることを明らかにしている。また、能力を認知的な側面だけでなく非認知的な側面（情意的・社会的側面など）も含むものとし、多次元的概念と見なしている。さらに、韓国の教育行政学者ユン（Yun, Jeong-il）（２００７）の研究も援用し、キー・コンピテンシーを５つの次元で整理している。[7] 5つの次元とは、①総体性、②可動性もしくは遂行性、③脈絡性、④価値志向性、⑤学習可能性である。つまり、ここでのキー・コンピテンシーとは、人間特性をある1つの側面で限定せず、総体的な能力として捉え（総体性）、その多様な側面の1つの構造が可動・遂行する能力を発揮する（可動性もしくは遂行性）という認識である。そして、具体的な遂行の脈絡の中での成功・効果的な基準が存在すること（脈絡性）と、志向する価値を含めた（価値志向性）学習可能な能力（学習可能性）であることが示されている。

以上、韓国内の研究及び教育政策に関わるキー・コンピテンシーを検討すると、意味と内容の間に齟齬が見られることが分かる。しかしながら、齟齬をきたすカテゴリーは、相互排他的な傾向と言うより、むしろ学校教育で育成しようとする人間特性の能力の指標として捉えられる。

2 「韓国型未来のキー・コンピテンシー」の枠組みと内容

では、21世紀型スキルと言われているキー・コンピテンシーは、教育策定の一つであるカリキュラムの中で、実際にどのように反映・実施されているのだろうか。

ここでは、まず、児童生徒の自律性や創意性を強調している「2009改訂教育課程（2011~2015）」がどのような背景で実施されてきたのかを概観する。次に、新教育課程である「2015改訂教育課程」の中で、キー・コンピテンシーはどのように位置づけられ、発展してきたのかを見ていきたい。

現在、多くの新しい社会的諸問題に直面している韓国にとって、今後いっそう学校教育が重要な役割を果たすという認識に立って進められている「韓国型未来のキー・コンピテンシー」は、韓国教育の現在地を省察しながら、概念の体系化が進められたものである。「韓国型未来のキー・コンピテンシー」とは、世界的な21世紀型スキル教育の流れに沿いながら、韓国的な脈略を十分に反映する学校教育のモデルとして示された。韓国型学校教育のモデルが目的としていることは、①幸福[8]教育と人性教育、未来のキー・コンピテンシー教育との連携を推進すること、②学びに興味を持ち、集中や没頭を経験することができる学習の機会を拡大すること、③教師の自己効力感（self-efficacy）[9]を高めることを通して児童生徒の幸福度を高めること、④多様な体験「活動のための学校と地域とのパートナーシップ」を構築することである。

「韓国型未来のキー・コンピテンシー」は、「知識（Knowledge）」「実行能力

資料3　「韓国型未来のキー・コンピテンシー」

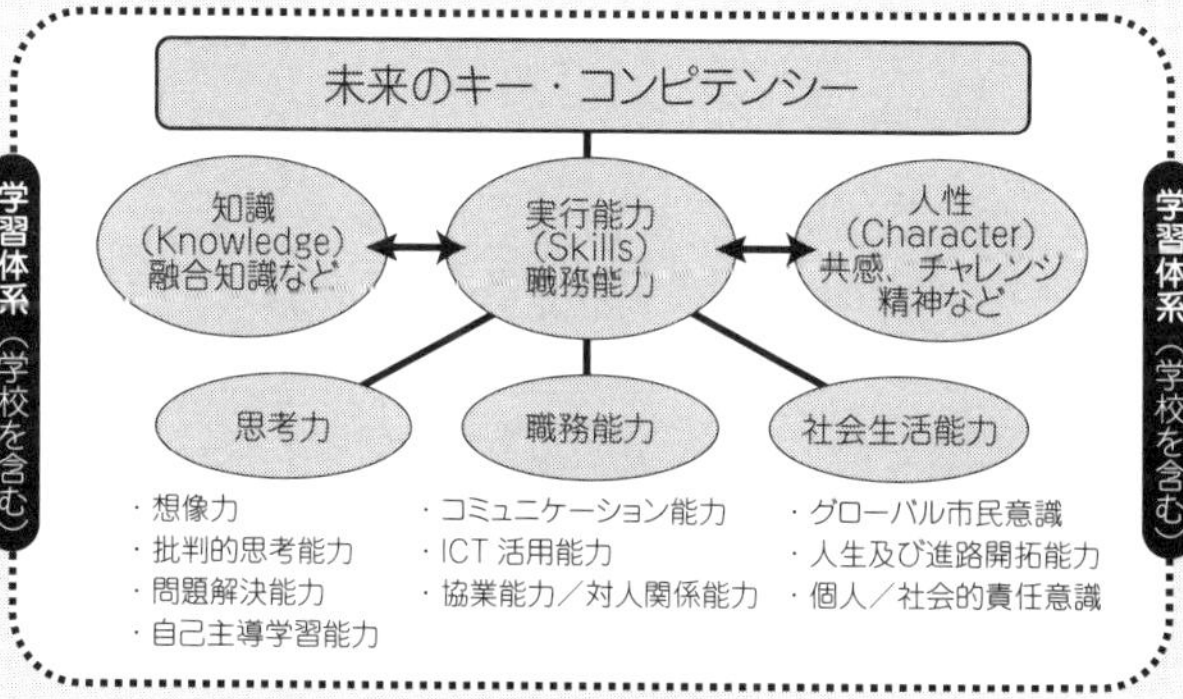

出典：韓国教育課程評価院「未来キー・コンピテンシー開発のための教科教育課程の模索：教育課程、教授・学習及び教育評価の連携を中心に」研究報告RRC2013-2、2013年、p.17より筆者翻訳。

(Skills)」「人性（Character)」という3つのカテゴリーで分類・整理され、さらにそれぞれが3つの「コンピテンシー」と10の能力で構成されている（資料3)。「知識」「実行能力」「人性」の関係を確認すると、実行能力は、主に知識の活用を通して習得されることが多く、知識と実行能力の習得は、人性（感性、心の訓練等）や教育の涵養により大きな影響を受けるものであると強調されている。特に、人性は、韓国社会の中で重視されている概念であり、心理学が強調している心、感性、態度（関心・意欲）を含むものである。韓国では、2015年7月から実施している「人性教育法」の影響もあり、共感する心、チャレンジ精神の育成などにも力が注がれている。また、人性教育を小・中学校の必修科目として定めている。人性教育における中核的な内容は、礼儀、孝行、正直さ、責任感、他者への尊重、気遣い、他者との意思の疎通と協力などの社会的価値を子どもたちに教えることである。

資料3の「韓国型未来のキー・コンピテンシー」は、前述したスペンサーらの主張でもある認知的な側面と非認知的な側面を含むものとして捉えられている。また、キー・コンピテンシーのカテゴリーは、それぞれ切り分けられるものではなく、他のコンピテンシーと相互に、密接に結びつけることが重視されている。例えば、ICT活用能力やグローバル市民意識は、実行能力と人性のカテゴリーに該当しているが、知識・融合知識などとも密接に関わっている。また、IEAによる国際教育動向調査等をかなり意識し、コンピテンシーを学校で学ぶカリキュラムに基づく知識・スキルと、学校カリキュラムに限定されない社会文化的知識・スキルとを統合したかたちで整理されている。

現在（2018年）、韓国ではスローガンとして「革新教育」を掲げて「文・理系統合型」の新教育課程である「2015改訂教育課程（2017〜2020）[10]」が推進されている。これは、従来の韓国において教育観の基盤となっていた学問的な文・

資料4　韓国におけるキー・コンピテンシーとその意味

キー・コンピテンシー	意　味
自己管理コンピテンシー	アイデンティティや自信を持ち、自身の生き方や進路に必要な素質や能力を備え、自己主導的に生きる能力
知識情報処理コンピテンシー	問題を合理的に考え、解決するために多様な領域の知識や情報を活用する能力
創意的思考コンピテンシー	幅広い知識をもとに多様な専門分野の知識、技術、経験を融合的に活用し、新しいものを創出する能力
審美的感性コンピテンシー	人間に対する共感的理解と文化的感受性をもとに生きることの価値を発見し、交流する能力
コミュニケーションコンピテンシー	様々な状況の中で自身の考えや感情を効果的に表現しながら他者の意見を聞き、尊重する能力
共同体コンピテンシー	地域・国家・世界共同体の構成員として要求される価値観や態度を備え、共同体の発展に積極的に参加する能力

出典:教育部「2015改訂教育課程」の総論より一部抜粋・翻訳。

理系を1つに統合し、融合的思考を取り入れた教育観で展開していく教育策定である。教育現場における実践は、初等学校3・4年生、中学校1年生、高等学校1年生（2017年度では、小学校1・2年生）を中心に実施されている。「2015改訂教育課程」では、学校教育を通して、すべての子どもが人文、社会、科学技術に対する基礎リテラシーを高め、人文学的・科学技術的創造力を身につけ、「創意・融合型人材」を育成する教育をめざしている。ここでの創意・融合型人材とは、6つのキー・コンピテンシー（資料4）を基礎にし、情報社会の中で新しい知識や価値を生み出す人材のことである。また、その内実においては教科横断的な視点をもって多様な観点を見出し、文化的感性を培うことを目的にしている。特に、資料4の最後に挙がっている「共同体コンピテンシー」においては、多様な形態で上手に他人とコミュニケーションする力や、チームで作業をする力が含まれている。つまり、従来の個人能力向上の強調から、共同体の中で他者とともに力を合わせ、ともに目標を達成していくことがより重視されるようになったということである。

「2015改訂教育課程」が示す人間像とキー・コンピテンシーは、子どもの未来を見据えた多様な能力を備えることの提案であり、学校教育を通して実現していくための教育改革を方向づけるものとして必要である。21世紀型スキルとして定義された能力やスキルは、教育や学習活動にとって重要であることは疑いがない。しかし、教育現場ではこうした能力やスキルを教科内容に組み込んで授業や学習活動を行っていくこととなり、教師側が知識・理解を欠いている場合、上掲のキー・コンピテンシーを十分に活用することができないという批判が多くある。

こうした中、「2015改訂教育課程」の総論及び教科の特性に基づいた数多くのコンピテンシーが提示され、実施されてきている。また、各教科のコンピテンシーに対する具体的な項目も少なからず示されるようになった。例えば、科学のコンピテンシーとしては、科学の知識や機能を習得するとともに問題解決のための科学的思考力、探究能力、問題解決能力、コミュニケーション能力、科学的参加及び生涯学習能力など、従来から行われた教育に比べて、非構造的な探究活動やそれらに挑戦する力が求められている。

しかし、教科のコンピテンシーは、原則として学校の教科に分節化されたカリキュラムを前提にして、それに沿った学習の達成度を測ることを見込んでいる。これらは概ね肯定的な効果を想定しているため、厳密に教育的効果を吟味するプロセスは経ていない。また、教師や子どもが実際に活用できるコンピテンシー構成の共通機能や教科機能の連携については、具体的に挙げられていない。どのようにコンピテンシーを実践で生かし、児童生徒を育成していくのか、詳細に論じられていないため、授業設計においてはコンピテンシーの関連づけや調和などが専ら教師の専門性に任せられていると言ってよい。

3 キー・コンピテンシー教育の意義と今後の課題

韓国では、キー・コンピテンシーをカリキュラムの基盤として捉え、教育改革が進められていることは前述した通りである。その時代において必要な教育目標を見出し、迅速に対応していくことは重要である。しかし、アドホックに変化する教育改革の現状により、教師や子どもたちは振り回されているとも言える。現代的な諸問題を解決する能力を育む学校教育においては、「韓国型未来のキー・コンピテンシー」のような知識、実行能力、人性のコンピテンシーの本来の意義と共通認識を明確にしておくことが何よりも求められる。そのうえで、実際の状況に即して的確に活かし、実行へつなげていくべきではないだろうか。

しかし、「韓国型未来のキー・コンピテンシー」では、カテゴリーを巡る必然性に議論が限定され、汎用性がある教育改革の一角として進められているものの、その根拠や概念導入への具体的なプロセスが示されていない。また、それぞれの学習領域に属するすべての行動や能力を網羅的に提示しているが、コンピテンシーだけが優先的に重視されている感は否めない。コンピテンシーは、それぞれ単独で発揮されるものではない。むしろ、具体的な状況や文脈に応じて、それぞれの重要性の程度を変化させつつも、常に組み合わされて発揮されるという理解のもとで、取り組みの方向性を探っていくべきである。

また、コンピテンシーに基づいた学習結果の評価には、これらのキー・コンピテンシーがそれぞれ複雑な性格を持ち、文脈と深い関係にあることを考慮することが重要である。コンピテンシーは直接測定できず、観察できない場合が多い[11]。したがって、教室ベースでカリキュラムに埋め込まれた評価より、多様な文脈や状況下での課題に対応するパフォーマンスを観察することで、推察しなければならない[12]。21世紀型スキルを取り入れようとしている多くの国では、学校ベースのパフォーマンス評価やポートフォリオ評価を重視する傾向が増えており、教師が児童生徒の活動の評価に参画することで、スタンダードをどう作るかについてより深く学び、その結果、授業が充実していく傾向が見られる[13]。

ここで、キー・コンピテンシーを教育実践の評価として取り入れている実践例を紹介しよう。韓国の仁川にある京仁教育大学校付属初等学校では、学びのための評価や自ら問題点を見つけて解決していく能動的な学習を重視しているため、パフォーマンス評価法の一環であるプロジェクト学習に基づいて、評価の結果を児童・教員・保護者がお互いに理解・調整・管理し、意見を交換している。評価方法としては、ペーパーテストとパフォーマンス評価で区分し、基礎・基本的な知識の習得を測る際にはペーパーテストで、創意的問題解決力のような活用を評価する際にはパフォーマンス評価を適用するなど、カリキュラムに応じて評価方法を使い分けて実践を行っている。

資料5は、同校の児童・教員が共同で評価ツールを開発し、年2回、学習結果の案内として児童・教員・保護者が互いに共有しているルーブリックである。韓国のカリキュラムでは、「創意的な体験活動」（日本の総合的な学習の時間に相当）の時間があり、多くの活動がこの時間において実践されているが、この単元では、別の教科とも関連づけて機能的に取り組んでいる場合が多い。児童たちは、1学期もしくは、1年間を通してプロジェクト学習のテーマを各自の目標に照らし合わせてクリアしなければならない。評価要素としては、大きなテーマに対するキー・コンピテンシー、プロジェクトの目標、プロジェクトの内容を軸にしている。但し、ここでの評価は、児童同士が競い合うのではなく、そのプロジェクトに入り込むことでそれぞれに成長していくことをめざすためのものである。

また、こうした評価法を採用することで、児童たちにとって意味があるプロジェクト課題を設計し、型にとらわれずに必要な情報を収集したり分析・検討したりする経験を通して、現実味のある問題解決にじっくりと取り組むことができ、学習意欲を向上させる効果も期待できる。何より教師が用いるだけでなく、児童自身の学びのツールになっていることが有意義である。さらに、保護者に対するアカウンタビリティを果たすツールとも言える。

資料5　2018年度1学期のプロジェクト学習結果案内

2018年度1学期 プロジェクト学習の結果案内		第5年生（　）組（　）番 名前	
テーマ	「特別な私」を探す旅		
プロジェクトの運営内容			
プロジェクトの大テーマ	キー・コンピテンシー	プロジェクトの目標	プロジェクトの内容
「私たちが作っていきましょう。」	・コミュニケーションコンピテンシー ・共同体コンピテンシー ・創意的思考コンピテンシー	学級及び家族共同体の一人として学級秩序と文化を作るための一助となり、そのプロセスで友を配慮する方法を学ぶ。新しい学級の共同体意識や所属感を持ち、決まった規則を自ら守る責任感を育てる。	－正しい学級文化の様子に関する写真展 －私たちが作る5年1組（共同体の規則及び約束、討議） －家族のための生活用品のデザイン展示会
「○○ちゃんの修学旅行大作戦」	・創意的思考コンピテンシー ・コミュニケーションコンピテンシー ・知識情報処理コンピテンシー	能動的で積極的な態度で修学旅行に必要なハンドブックを制作し、現場の体験学習の効果を高め、伝統文化、多様な文化体験に関心を持つ。情報処理資料等を活用し、学習方法を身に付ける	－有意義で、効果的な修学旅行の探求 －情報と資料を収集し、修学旅行のハンドブック制作 －エッセイや感想文を書く
「自然、当然ではないことのありがたさ」	・知識情報処理コンピテンシー ・コミュニケーションコンピテンシー ・審美的感性コンピテンシー	本当の美しさの意味を深く考え、自然無しで生きていけない人間としての美しい行動とは、何かを追及し、皆が一緒に実践していく努力と姿勢について考え、実践する。	－環境と人間との関係のあり方を探究 －私たちが実感している環境問題に対する報告書の作成 －環境保存のための広報ポスター制作 －環境キャンペーンを行う －主張するための文章を書く
「私の未来は、私が決める」	・共同体コンピテンシー ・創意的思考コンピテンシー ・知識情報処理コンピテンシー ・コミュニケーションコンピテンシー	社会の様々な問題を認知し、合理的に解決する能力を育てる。伝統文化と現代文化の調和を土台にし、創造的な文化発展を成すための能力と姿勢を育てる。	－韓国の社会的、経済的な葛藤をテーマとしたディベート －世界文化遺産に登録されるべき伝統文化を探し、その価値をBENESCOの全体会議で行うプレゼンテーションを準備する －UCCでニュース映像制作
私の成長記			
教師の意見			
保護者の意見			

出典：京仁教育大学校付属初等学校発行『5年1組学級カリキュラム運営』2017年度より、一部抜粋・翻訳。

資料5の下欄にある「私の成長記」「教師の意見」「保護者の意見」の実際の評価を確認すると、児童自身が書いた「私の成長記」では、本人がプロジェクト課題を通して得た気づきや発見、他者と協力してものごとを進めていく活動から感じた課題等についての記述が多く見られる。「教師の意見」では、学校や地域の人々との触れ合いの中で学びに取り組んでいる児童の様子や、特に成長している点、これからの改善点等を200字程度で記述している。「保護者の意見」では、子どもたちの家庭での学びの様子や、特に改善してほしい点、教師に対する感謝の気持ち等が書いてある。

また、資料5で紹介した5年生のプロジェクト学習結果案内以外に、4~5名のグループで行うプロジェクト発表も実践しており、児童同士がルーブリックを用いて相互評価を行っている。評価基準は、教師と児童がともに話し合って決めている。こうした児童同士によるルーブリックを活用した授業では、教師と児童及び児童同士がともに学びのプロセスを共有することで、両者が明確な学習目標を持つことができる。

以上、ＯＥＣＤのキー・コンピテンシーとP21による21世紀型スキルの概念を踏まえながら、現在の韓国教育政策の方向性を定める重要な枠組みとして採用されている「韓国型未来キー・コンピテンシー」で求められている学力の内実と、その育成に向けた取り組みについて議論してきた。

カリキュラムの基盤として捉えられ、教育改革が進められている「韓国型未来キー・コンピテンシー」は、「2009改訂教育課程」「2015改訂教育課程」の教育改革を通じてより詳細に示された。「2009改訂教育課程」では、資料3で示したとおり、「知識」「実行能力」「人性」という3つのカテゴリーで分類・整理され、さらにそれぞれが3つのコンピテンシーと10の能力で構成されている。3つのカテゴリーでは、コンピテンシーは認知的な側面と非認知的な側面を含むものとして捉えられており、それぞれが切り分けられるものではなく、相互の関連性が重視されていることを確認した。

その後、「2015改訂教育課程」では、すべての子どもが人文、社会、科学技術に対する基礎リテラシーを高め、人文学的・科学技術的創造力を身につける「創意・融合型人材」の教育をめざし、6つのキー・コンピテンシー（資料4参照）を基礎に教科横断的な視点をもって多様な観点を見出し、文化的感性を培うことを特徴として挙げた。また、キー・コンピテンシーを評価する方法として、京仁教育大学校付属初等学校で実際に行われている「2018年度1学期のプロジェクト学習結果案内」を紹介し、活用方法や、そこから見出される学びのプロセスを児童・教員・保護者が共有することができるという利点も挙げた。児童・教員・保護者が一緒に評価を共有し、改善していくための取り組みは、キー・コンピテンシーをカリキュラムや教育評価に取り入れることに伴う本質的な意義として捉えることも可能であろう。また、児童による自己評価、そしてチーム内評価なども併用する観点を持つことは重要である。

しかしながら、こうしたキー・コンピテンシーを育成することで子ども一人ひとりの豊かな学びの実現ができるのか、また、子どもたちが将来にどのような社会を築き、どう関わっていくのかは、必ずしも明らかにされていないのが現状である。果たして、こうした韓国におけるキー・コンピテンシーの設定に基づいた教育目標が具体的に達成されるために、現在、そして将来的にはどのような実践方法が想定されているのであろうか。まずはその現状分析から、新たな提案を行うことを今後の課題としたい。

（趙　卿我）

【注】

(1) キー・コンピテンシーは、OECDが実施したDefinition and Selection of Competencies: Theoretical and Conceptual Foundations: DeSeCoプロジェクト（１９９７年～２００３年）の中で生み出された能力概念である。韓国では、キー・コンピテンシーを「核心力量」と訳している。

(2) 文部科学省のホームページを参照（http://www.mext.go.jp/b_menu/shingi/chukyo/chukyo3/016/siryo/06092005/002/001.htm）。

(3) 田中義隆『21世紀型スキルと諸外国の教育実践』明石書店、２０１５年、p．29。

(4) So, Gyeong-hui「学校教育の脈絡からみた力量（competencies）の意味と教育課程的の含意」(학교교육

의 맥락에서 본 역량（competencies）의 의미와 교육과정 함의）」『教育課程研究』第25号、２００７年、pp. １－21。

(5) Spencer, L. & Spencer, S. *Competence at work: Models for superior performance.* New York: John Wiley & Sons, 1993, p. 11.

(6) So, Gyeong-hui、右掲書、p．３。

(7) 具体的な提案は、２００７年８月に発表された大統領諮問教育革新委員会の「未来教育のビジョンと戦略」からである。

(8) ここでの幸福とは、自分勝手で瞬間的な快楽ではなく、成功に導く生き方につながる持続的なあり方である。

(9) 自己効力感とは、自分がある状況において必要な行動をうまく遂行できるかという可能性の認知のことである。

(10) NCIC（National Curriculum Information Center）のホームページを参照（http://ncic.re.kr/mobile.dwn.ogf.inventoryList.do#。

(11) 韓国教育課程評価院『未来社会キー・コンピテンシー（核心力量）教授・学習を支援するための教育評価政策の方向』研究報告RRE2014-14、２０１４年、p．43。

(12) Oates,T. Key skills/key competencies: Avoiding the Pitfalls of Current Initiatives. In D.S. Rychen, L.H. Salganik & M.E. McLaughlim（Eds）, *Selected contribution to the 2nd DeSeCo symposium.* Neuchatel. Neuchatel, Switzerland: Swiss Federal Statistical Office, 2003.

(13) P．グリフィン、B．マクゴー、E．ケア編『21世紀型スキル――学びと評価の新たなかたち』北大路書房、２０１４年、p．２０３。

小学校の「国語」の時間

小学校の「創意的体験活動」の時間

第5章

実践力や創造性を身につけた子どもを育てる「素質教育」

——中国・上海のカリキュラム改革に見る光と陰

面積▼約960万㎢
人口▼約14億人
首都▼北京
公用語▼普通話（中国語）
※中国全体

この章で考えたいこと

２００９年のＰＩＳＡ調査において、初参加だった中国・上海は首位の成績を収め、世界中の脚光を浴びるようになった。上海が「素質教育」の実験区として同じ教育改革の方向性を示したＰＩＳＡ調査に関心をもつようになったのは２００４年からであった。これらは、知っていることから推定し、今までにない状況の中で、知識を創造的に応用することができるかどうかの、いわゆる、創造性や活用力などを見るところが一致している。２００６年の予備調査をはじめ、上海は積極的にＰＩＳＡ調査を利用して自らの教育改革を検証し、３年後の２０１２年もＰＩＳＡ調査の全分野において首位の座を守った。

しかしながら、２０１５年に北京、江蘇省、関東省も上海とともに中国の地区としてＰＩＳＡ調査に加わると、それらの平均成績はＰＩＳＡ調査のランキング10位まで順位を落とした[1]。ここからは、上海という教育先進地域におけるＰＩＳＡ調査の結果は、中国全土の代表どころか、他の先進的な地域の代表でもない、上海独自の教育改革の結晶であることが明らかである。一方で、上海は社会主義を掲げている中国の地区として、すべての人々の豊かさを実現させるという目標に向けながら「経済特区」という恩恵を受けた以上、いかにして他の地域にも通用するような質の高い教育を提供することができるかという課題から逃れることもできないであろう。

中国ではまず、全国的な動きとして、２００１年に国務院から公表された「基礎教育の改革及び発展に関する決定」において、「素質教育」の推進が今後の教育改革及び教育政策の柱として示された。この方針に基づき、２００１年に義務教育段階における教育課程の基準の改訂が行われた。つまり、中国全土の教育改革としては、受験での合格を目指す「応試教育（受験教育）」から、人間としての豊かさを育む「素質教育」へとカリキュラムを転換したのは21世紀に入ってからである。一方で、それより20年も前の１９８８年に上海は、実験区として素質教育へ転換するためのカリキュラム改革の先頭を切った。

本章では、上海が何を目指して、どのようにカリキュラム改革を進めてきたのかを検討する。特に、その背後にある学力観とその形成がどのようにカリキュラムに影響を及ぼし、学校の授業として具現化されたのかという一連の流れを取り上げる。また、上海の教育改革が抱えている「陰」の部分、すなわち課題とは何かについて言及することで、資質・能力ベースのカリキュラムへの転換を目指す日本への示唆を得たい。

1 上海カリキュラム改革を支える教育組織

１９８８年、国家教育委員会（現在の中国教育部）が山東省泰安市で開かれた全国教材工作会議において、上海に独自で基礎教育のカリキュラム改革を行う権限を与えるとともに、次の要件を提案した。第一に、上海カリキュラム改革は、経済が発達している地域の学校に適合するような幼小中一貫したカリキュラムデザインをもつこと、第二に、上海は自らカリキュラム改革計画や「教学大綱」（１９９０年、上海によって「課程標準」に改名）を制定し、自ら教科書を編纂・検定することができること、そして第三に、全国共通の「高考（大学入試）」とは異なり、独自の大学入試問題を作成することができることである。こうして、上海は中国カリキュラム改革の試験区の１つとなり、全国の教育システムとは一線を画する独自の教育改革を行うことができるようになった。

同年５月、「上海中小学課程教材改革委員会」（通称：「課改委」）が創設された（２００６年に「上海中小学（幼稚園）課程改革委員会」と改名）。「課改委」は上海市政府の直属で、予算配分が確保され、上海における幼稚園から高等学校までのカリキュラム改革に関わるすべての政策を制定・実施する権限を持つ組織として成立した。また、カリキュラム改革を遂行する際の科学性や協調性および実行力を担保するために、政府の役人、教育学者や各分野の専門家・大学教授・校長および現場の教師だけではなく、教育事業を支持し、関心を持つ有志者も構成メンバーに加入している。その下位組織として、課程・教材改革オフィス（通称：「課改辦」）や小中学校教材編纂審査委員会が置かれていた。1995年に上海市教育委員会が設立されて以降、「課改辦」は上海市教育委員会教学研究室と合併し、ともにカリキュラム研究や教材研究からカリキュラム改革実験学校における実施や運用にまで関わるようになった。さらに、2006年以降、教育委員会の他に、上海市政府によって市の財政局、物価局、新聞出版局なども動員され、これらの公共機関が「課改委」と連携しながらカリキュラム改革のあらゆる事業を進めてきた。つまり、「課改委」は社会に開かれた代表的な教育組織として成立したことで、上海カリキュラム改革のスムーズな進展に大きな原動力をもたらしたこととなる。

2 上海カリキュラム改革の理念と過程

こうした上海カリキュラム改革のプロセスは、まさしく、新しいカリキュラム開発への挑戦に等しい。その内容は、改革組織の建設やカリキュラム政策の制定、または経費の投入だけではなく、カリキュラムの設計・実施および学力保障・評価など、カリキュラム・マネジメントの全般に及んでいる。また、30年の改革にわたって不変とされているのは、生徒の「素質」をいかに向上させるのかという中心的なテーマであった。ここでの「素質」とは、上海教学研究室の主任であった孫元清によると、生まれつき持っている性格や能力などのことを指すのではなく、市民および専門分野の人材が備えるべき基本的な学力や資質・能力であり、例えば、中国語における熟語である「国民素質」「教師素質」「作家素質」が例として挙げられている。さらに、現今のカリキュラム研究における成果を生かすだけではなく、これまで中国教育における「試験のための教育」を改めるために、新しい学力モデルやカリキュラムモデルをどのように提案すればよいのか、などの問題・課題を解決しなければならない。それらのカリキュラム研究から実施までの試みは、１９８８年〜１９９７年を第1期カリキ

ュラム改革、1998年～現在に至るまでを第2期カリキュラム改革と時期区分されている。(2)

(1) 第1期カリキュラム改革における「基礎学力」モデルの形成

第1期カリキュラム改革のテーマは、「『素質教育』(3)をどのように実施するか」ということであった。主としてそれまでの受験教育のためのカリキュラムと教科書を「素質教育」のためのものにすること、単一化したカリキュラムモデルを多元化したものに改革することに重点が置かれていた。また、「基礎の強化vs.能力の育成」「全面的発達vs.個性の伸長」の二項対立、あるいは、「質の向上と負担の減少」の矛盾を克服することが、教育改革の目標として掲げられた。(4)

当時、上海の改革の重要なシンクタンクであった華東師範大学国際比較教育研究所の鐘啓泉によれば、学力の中身は時代の流れや社会の要求、学者の観点によって変わってくるため、それを厳密に定義することは難しい。だが、日本、イギリス、アメリカの事例で得られた示唆から、「基礎学力」は読み・書き・計算に代表される、学校におけるすべての学習を成立させる上で必須のものであると鐘は考えた。ただし、「基礎学力」には潜在的な能力を伸ばす部分も含むため、発展性も備えているという。

こうした考えをもとに、鐘はブルームの目標分類学（タキソノミー）の観点に即して、基礎学力を含めた学力の内容を①認知的側面、②表象方式、③学習方法、④情意的側面といった4つの側面からなると提起した[5]。さらに、そうした学力観をふまえた上で、情意的側面である「学習を支える態度」が核心として位置づけられる基礎学力モデルが提案された[6]。その中で、認知的側面における「基礎的知識・概念」が最も有用な外的要素と捉えられており、表象方式と学習方法からなる「学習能力」が「学習を支える態度」と「基礎的知識・概念」の橋渡しをする役割を果たすことが示された。このような「基礎学力」観をふまえ、1989年に上海が打ち出した「個性の伸長」と「全面的発達」の両立を目指す「素質」中心のカリキュラム設計が試みられた。

(2)「素質」中心カリキュラム論とその実際

具体的には、1989年に「課改委」の王生洪が「素質」中心カリキュラム論（別称：「三角形カリキュラムモデル」）を提案した[7]。豊かな人間性である「素質」を育むことが一番重要とされているため、それが三角形カリキュラムモデルの中心に置かれた。三本柱の1つは、これからの社会に求められる人間像であり、カリキュラム編成の出発点でもあった。そして、児童生徒の発達段階を考慮に入れながら、カリキュラムの妥当性を考えるという認識論がカリキュラム編成の拠り所でもあり、2本目の柱でもある。さらに、これまでの人類文化の遺産である教科の体系がカリキュラム編成の客観的な法則であり、3本目の柱とされた。この三角形は必ずしも正三角形ではなく、異なる学年・段階に応じて変形したり、重点が変わったりする柔軟性をもつとされている。

また、「三角形カリキュラムモデル」に対応するかのように、上海では9年小中一貫教育として、学問的な「必修課程」、職業生活的な「選択課程」、児童中心的な「活動課程」からなる「三位一体」のカリキュラムが構築された。例えば、「必修課程」においては生活の自立・訓育を重視する「生活と労働」科が小学校1年生から5年生までに導入され、6年生から9年生（小学校3年生）までには労働や技術の原理を教える労働技術科が開設されるようになった。また、「選択課程」は、中学校8、9年の2年にわたり、簡易簿記、簡易測量、電工技術、家畜飼育、園芸管理、絵画、彫刻、家政などの科目が各学校で生徒によって自由に選択されることが可能となった。「活動課程」には、学校やクラス行事としての活動、体育活動、サークル活動、社会実践活動、自習活動および読書活動などが含まれていた。このように、あらゆる課程において実践力の育成が意識されているといえる。

これらのカリキュラムの授業時間数を、当時の全国共通カリキュラムのそれと比べると、「必修課程」は1割以上減少している。また、「選択課程」はすべて新設科目であり、「活動課程」は2倍の時間数に増えたこととなる。各学区において、様々な特色のある教育実践が行われた。静安区一師附属小学校の「愉快教育」、閘北区第八中学校の「成功教育」、和田路小学校と向明中学校の「創造教育」はその代表的な実践例と呼ばれる。

「三位一体」の三角形カリキュラムモデルは、基礎学力を保障するとともに、過重な学業負担を軽減するのに効果的であるとされた一方で、「必修授業」「選択授業」「活動授業」の断片化と、これらのコースの組み合わせのバランスと全体性の欠如が問題として指摘されている。[8]また、評価システムにおいては依然として総括的評価が中心となり、活動と選択が多く与えられたにもかかわらず、児童生徒の課内と課外の学習時間の多くがやはりテストや進学のために費やされていた。こうした問題を克服するために、第2期カリキュラム改革と評価改革の要求が生まれてきた。

(3)「総合的学力」観に基づく多次元な第2期カリキュラムの構築

1998年からの第2期カリキュラム改革では、上海は「一流都市・一流教育」という都市建設のスローガンを掲げ、「児童生徒の発達が根本である」という理念を継承しつつ、①主体的・積極的・創造的な学習方法への転換、②「イノベーション精神」と「実践力」を強調した「総合的学力」の育成を目指した。また、道徳教育を通して児童生徒の科学精神と人間文化精神を育むことや、時代の要求に応じて情報のデジタル化を活かしたカリキュラム・教材改革を牽引することが第2期カリキュラム改革のテーマとなった。

まず、目指す学力モデルとして、教学研究室の副主任であった趙才欣が「総合的学力（総学力）」の概念と構造を全面的に打ち出した。「総合的学力」は、基礎学力、発展性学力と創造性学力の3層からなる立体的な構造になっている[9]。基礎学力とは、学ぶことを好む態度と基本的な学ぶ能力、及び構造化した基礎知識のことである。発展性学力は、児童生徒の学習に対する見通しと、独学力・生存力・情動制御力、及び発展的知識のことをさす。創造性学力とは、イノベーション精神、創造的な思考と実践力、および批判的知識のことである[10]。これらの学力がグローバルな知識基盤社会を生き抜くために不可欠なものであり、人間の生涯にわたる持続的な発達を支える基本とされる。とりわけ、第2期カリキュラム改革において、基礎学力に加え、①愛国主義を核心とした民族精神、②コラボレーション精神・協同する力、③社会責任・マナーと信実、④開かれた心、多文化包容力とその態度、⑤生命を愛する心、環境意識・持続発展の観念、という態度・価値観と、①言語とICT活用力、②数理的思考力、③探究と実践力、④創造と質疑力、⑤協同と交流する力、⑥審美と鑑賞力という一般能力の育成が重視されるべきだと提案されている。

また、ハーバード大学の心理学者H・ガードナーによって提唱された多重知能理論（MI）の影響を受けたのも第2期カリキュラム改革の特徴である。「課改委」は、生徒の得意とする分野をさらに伸ばしていくために、①道徳形成や人格発達の経験、②潜在能力開発や認知発達の経験、③体育やフィットネスの経験、④芸術的修養を発達させる経験、⑤社会的実践に関する経験、という多様なニーズと学習経験を保障するためのカリキュラム編成を工夫した。これらの動きを踏まえ、上海が構築した第2期カリキュラムの実際は以下の通りである。

まず、素質中心カリキュラムモデルの一元化を克服し、より多次元的かつ統合したカリキュラムの構築を目指した小中高一貫教育のカリキュラムモデルが構築されている。「総合的学力」モデルに対応した3種類のカリキュラム（基礎型課程[11]、発展型課程[12]、研究型課程[13]）が主幹となり、多重知能の伸長をサポートする8つの学習領域が第2次元とされ、科目の類型（学科、活動、特定のテーマ）による教育内容の組織が第

上海市実験学校国際部小学校における趣味に応じた選択科目等

多彩な芸事選択科目と放課後趣味クラス
レゴ、水泳、テコンドー、ゴルフ、話劇、古筝、笛、ギター、ピアノ、児童SF絵、パーカッション、知的パズル、サッカー、バスケットボール、卓球、ハードペン書道、ソフトペン書道、舞踊、ペーパーアート、クロスステッチ、囲碁、飛行機模型、趣味で数学、趣味でパソコン、日本語基礎、児童劇団、3Dプリント、フロアボール、ビリヤード……

3次元として考えられている。さらに、学習領域に関連した20学科の他、サークル活動、部活動、課題研究活動、社会奉仕と社会実践及び特定のテーマ学習も科目として設置されている[14]。各科目の内容は独立しながらも相互に内在的な関連をもつモジュールとテーマから構成される。さらに、モジュールにはいくつかのテーマを含めることが可能とされる。これらのモジュールとテーマは、核心となる観念、明確化した学習過程、教育的価値を有しなければならないと規定されている[15]。これは、児童生徒の発達段階を考慮して教育内容と形式を再編成するとともに、個性化した教育方法の工夫を教育現場に求めることを意味する。

特にモジュールとテーマの設定において重要とされたのは、核心となる観念である。例えば、自然科学の場合、核心となる観念は、この領域の『指導要綱』、およびそれに属した自然などの教科の『課程標準』の内容に記されたり、教科書において重点的に設計されたりしている。そのため、それらを参考にし、分析すれば選出することができるとする。そして何よりも大切なのは、教師自身が教育内容についての理解を持ち、相互に関連した核心となる観念を選出してカリキュラムを設計することであり、実践的・探究的な活動を通して児童生徒に自分なりの概念マップを形成するのを促すことである。(16) ゆえに、核心となる観念は、教師によって児童生徒によって変えられるものであり、大切なのは児童生徒たちが主体的・創造的に科学的な考えを形成することである。こうしてカリキュラムを再構築することによって、創造性学力を含んだ「総合的学力」が育まれるようになるといえる。その中の代表的な実践例として、学校をベースにした探究型課程の事例が挙げられる。

3　小学校における探究型課程の事例
——上海市虹口区飛虹路小学校の場合

飛虹路小学校は上海市虹口区における最大のスラム街に位置しており、児童の家庭における文化的背景は決して豊かではなかった。しかしながら、第2期カリキュラム改革に応じて、それまで学校において蓄積してきた科学技術の内容と素材を精選・活用し、探究学習を中心とした探究型課程を開発することによって、公立小学校として大きな自信を持つようになった。

まず、全体目標として、「児童が主体的に探究活動に関わろうとする態度を育み、観察・調査・実験・研究計画を設計し、データを分析するための初歩的な方法を身につけさせること：判断力・推論する力・応用力の基礎を身につけさせること：よく学び、よく推論し、よく創造すること：実際の問題を解決することができ、将来の学習や仕事をやり遂げる人間に成長してほしい(17)」というねらいが定められた。これが第2期カリキュラム改革の中で特に育成を重視する「一般能力」の中身と合致している。

次に、探究活動のモデルが、「問題提起→探究プロセス→研究総括」の３段階に分けられた。特に問題提起の段階において、教師が提案するパターンや教師と児童がともに問題形成に努めるパターンよりも、児童が自分の日常生活や学習の中で問題を発見し、掘り下げていくパターンが優先されている。例えば、「技術」の授業では、次のような事例が紹介されている。

⑴ 本題だけではなく、関連課題への追求

児童は車や船の模型を製作するとき、粘着剤が欠かせないことに気づいた。しかし、紙やグラスなどの材質によって粘着剤とその使い方が異なるため、その理由を知りたくなった。すると、それぞれの粘着剤の性質を調べるための実験をしようと教師が提案した。そこで必要に応じて観察や記録の方法を教えた。また、実験して終わりではなく、さらに児童たちの問題意識を引き出していくと、「どうして、粘着剤が乾く時間は変わるの？」「卵白を貼り付けに使ったことがあるので、それも粘着剤なの？」「どうして粘着剤は変な匂いがするのか？」などの疑問が出てきた。これらの疑問を探究的な学びのテーマに変換すると、「粘着剤が固まるスピードにはどのような要因が関係するのか」「卵白と合成接着剤の異同とは」「粘着剤の匂いが由来する成分につ

いて」という課題が形成された。

次に、児童はグループごとに、それぞれの問題関心に即してこれらの課題に自主的に取り組んだ。流れとしては、課題やテーマについての資料を収集してから、仮説を立てて、実験を設計して仮説を検証し、結論を導くという一連のプロセスをたどった。最終的に、研究の総括として、「温度の高低と粘着剤の硬化速度との関係についての研究」「粘着剤の種類と用途についての検討」「粘着剤の成分と配合した割合が揮発する速度に与える影響」などの研究報告書が作成され、その中では実験研究の目的・過程だけではなく、成功した点と失敗した点も詳細に記録された。一見、最初に取り組んだ車や船の模型を製作する課題とは直接関係がなさそうな研究になってしまったが、その過程を経て科学的な探究をする態度や方法を身につけた証拠が豊富に残されており、元々の製作課題と結びつけ、貢献することができたということは言うまでもない。

(2) 問題発見についての工夫――資料収集力よりも観察力の育成

飛虹路小学校では、探究型課程のテーマや児童の問いによって研究する重点の置き方が異なるのも大きな特徴である（P．150の資料参照）。例えば、同じく粘着剤についての探究は、「温度の高低と粘着剤の硬化速度との関係についての研究」というように、実験に重点を置く児童もいれば、「粘着剤の種類と用途についての検討」として、資料を調べることに力をそそぐ児童もいた。さらに、テーマによっては資料を収集することよりも観察に研究の重点を置く場合もある。こうした授業は問題発見につなげるきっかけとなる。その事例として、「魚の研究[18]」が挙げられる。

「魚」というテーマは小学校4年生がよく遭遇する理科の内容・領域であり、探究型学習のネタの1つでもある。その種類の豊富さ、関連知識の広さと深さにより、子どもたちは魚に対する興味・関心をそそられ、様々な方法や側面からアプローチをしようとする。しかし、資料収集や調べることだけに重点を置くと、児童たちの好奇心を持続することができず、観察力や発見する力を損なう恐れがあるため、飛虹路小学校では、あえて生きた魚の長期的かつ緻密な観察によって、魚についての知識や問題・課題意識を得ようとした。

授業の流れとしては、まず「どこで魚を見ることができるか」という発問を行い、児童の生活体験から池、川、海、市場、レストラン、工場、金魚鉢など、様々な場所を割り出すことができた。次に、魚を観察するにあたって、何を対象とするべきかについて児童に自由に討論させ、そこで形・色などの外見、泳ぎ方、呼吸の仕方、餌の食べ方・やり方など様々な視点が提案されることとなった。その後、教師はさらに下記の観察する方法と注意点を補足し、多様な現地学習に備えた。

①　お互いの観察を妨げないようにグループを編成する。人数は3人から4人までが最適。

②　観察する対象や内容を先に決めた後に、観察スケジュールや順番を決めるようにする。

③　観察する途中、発見したことを素早く記録し、言葉を簡潔、明快にする必要がある。

④　観察後、記録した内容や情報を忘れないうちに整理し、なんらかの結果を得るよう努める。

⑤　観察の効率性に配慮し、時間をかけすぎないように自己管理し、心身上の疲れやストレスがたまらないようにする。

このような事前指導を経て、児童は観察の目的・対象・プロセスを明らかにし、現地で観察時間を有効利用できるようになった。また、事後の授業において、児童らの観察結果を交流させ、今後探究すべき課題が発見されることとなった。例えば、なぜ、魚の体が流線型なのかと疑問に思った児童は、その構造が魚が水の中で自由かつ快速に泳ぐことを実現させたという仮説を立てた。また、魚がつかみにくいという体験か

資料　上海市虹口区飛虹路小学校の探究型課程の実践例

学年		児童の問い（2005年の例）
1年	観察	クサガメは何が好物なのか
	調べ	星はなぜ、チカチカと瞬くのか
	制作	ジャイロはどうして色が変わるのか
	実験	どのようにしたら竹蜻蛉が高く飛ぶのか
2学	観察	蝉はいつ頃から鳴き始めるのか
	調べ	どうして冬になると葉っぱが落ちるのか
	制作	だるまが倒れても起き上がる秘密とは
	実験	磁石にくっつくものはどんなものなのか
3学	調査	コンピュータウイルスにはどんな危険があるのか
	観察	金魚に餌をあげなくてもどこまで平気なのか
	調べ	使用済みの電池にはどんな危険があるのか
	測量	一番雨が多い季節は？
	制作	一番飛ぶ紙飛行機をどうやって作るのか
	実験	コンピュータウイルスの伝播はどうやって防ぐのか
4年	調査	騒音がもたらす悪影響とは
	観察	ミミズを２つに切断しても生きていけるのか
	調べ	オゾン層はどんな働きをしているのか
	測量	日差しと影の長さにはどんな関係があるのか
	制作	ヨーヨーの重さは回転の時間と関係があるのか
	実験	浄水は本当に綺麗なのか
5年	調査	空気汚染の原因には何があるのか
	観察	雷雨の後はなぜ空気が綺麗なのか
	調べ	地震の発生には法則があるのか
	測量	気圧の高低は天気とどんな関係にあるのか
	制作	電動スポーツカーの模型をどのように組み立てるか
	実験	洗濯洗剤が水質にどのような影響を与えるのか

出典：注(17)に同じ。

ら、鱗へ注目し、それがどのような働きをしているのかを研究する児童も現れた。他には、魚の呼吸と食事が口の動きによって同時に行われていることを発見した児童は、それを可能にしたエラの仕組みに興味を持つようになった。このようにして、児童一人ひとりが自ら観察し、自ら考える力が育成されることとなる。また、それだけではなく、心身上の健康管理についても注意が喚起されている。それらを合わせて科学的に探究し、ともに学んでいく土台となる。

以上のような探究的な学習が飛虹路小学校の各学級で行われ、２００５年に資料に示したような探究型課程の事例集が出来上がった。そこにおける探究学習の特徴は次の5点にまとめられる。1点目は、真正の学びを目指し、問題・課題が生成する際の現実に即した文脈づくりを重視することである。2点目は、主体的・探究的な態度を日々の学習の中で培っていくために、探究型課程と基礎型課程の往還を保障することである。3点目は、刺激し合う学びの関係を実現するために、児童による話し合いや活発な議論を引き起こすことである。4点目は、科学的な学びを保障するために、大胆な仮説や綿密な実験による検証を奨励することである。5点目は、活動する際の心身への負担を考慮し、児童の自己管理力を高めようとすることである。

このようなカリキュラム改革を行なった結果、児童や学校の研究が市の科学技術大会で賞を勝ち取ることが増え、教員の指導力とともに児童の学ぶ意欲が大きく向上した。また、絶えず開発されている探究型課程などの新しいカリキュラムが飛虹路小学校における文化遺産として蓄積され、次世代の教員に引き継がれていく。さらに、科学技術に関する探究的な学びの研究事例として上海におけるカリキュラム改革データベース（「資源庫」）に記録・共有され、地域ないし全国のカリキュラム研究に貢献することとなった。学校をベースにしたカリキュラム開発（School-Based Curriculum Development：SBCD）の動きは上海各地の学校で取り組まれ、第2期カリキュラム改革に活力をつけることとなった。

4 学習評価の改革と教育現場の反響——学力保障を目指して

様々な学校をベースにしたカリキュラム開発を通して、果たして児童に求められた学力は本当に身についたのであろうか。これを明らかにするために、学習効果を把握し、保障し、改善し、説明するための学習評価の改革が必要不可欠になった。1998年、上海教育委員会が第2期カリキュラムに応じた小・中・高等学校における評価改革方案を検討し始めた。翌年、《上海児童生徒評価手帳[19]》（以下、「評価手帳」と略す）が編成された。各区、各学校はこの「評価手帳」をガイドラインとして、基本をおさえつつ、それぞれの学校の実態に応じた評価改革方案を検討した。

「評価手帳」の1つの特徴は、「素質評価表」を通して、生徒の道徳、文化認知、身体・心理・生活習慣、及び労働技能の4側面を総合的に捉えようとすることである。なお、道徳的な側面に関しては、10年間の道徳教育における模索を通じて、その内容を国家意識、集団意識、国際的マナー、法令遵守という4つのテーマに絞ることができた。これらのテーマは上海において最も求めるべきものであるという共通認識が得られたからである[20]。

もう1つの特徴として、授業における双方向型評価についての模索もなされている。例えば、上海蓬萊路第二小学校では、授業評価において、教師が「児童参加の充実性」という項目の下で、「児童が異なった答えを出した回数」「教材および教師に対する質疑回数」「教師による児童への評価における合理性の再検討」など具体的な評価指標により児童を評価することができるようにされている。一方、「授業における教師と児童の関係の民主性」という項目下において、児童の要求に応じて授業の流れを変えたり、児童の評価に対して臨機応変に対応したりすることが児童によって評価さ

上海の小学校で使われている「成長記録冊」

れている。このような評価の主体と客体の交換性を保障することによって、教授側と学習側双方が積極性を最大限に発揮することが期待される。

　このように、「評価手帳」の起用によって、児童生徒の学習改善と授業改善の両方において様々な成果が上げられた。また、「評価手帳」の実施における改善案も収集できた。例えば、労働技能における「家事を手伝った」という自己評価の項目について、保護者からは、児童だけではなく親としての評価欄も設けてほしいという意見が出てきた。一方で、評価改革の過程において、教師の授業の負担が重くなったり、評価手帳の記述が抜けたり、評価基準が画一化したりする課題が指摘された[21]。主体的に「総合的学力」を形成する際に、個々の児童生徒に応じた評価の改善がさらに求められるようになった。

２００４年に上海教育委員会は、これまでの実践と研究の蓄積に基づいて「評価手帳」を「上海小中学校の生徒成長記録冊」（以下、「成長記録冊」と略す）に改訂するとともに、従来の百点採点法と成績・順位の公表制度を完全廃止した。また、それまでの評価改革の成果を確かめるために、２００４から２００５年にかけて、上海教育科学研究院によって同市の校長及び教師を対象にしたアンケート調査が実施された。その結果、第2期カリキュラム改革以来、84・7％の上海の教師は「教育理念と授業観念が更新された」と感じていることが明らかになった。その次は「授業に対する反省の意識を強めた」（51・6％）と「共同的に授業研究を進める力が伸びた」（37・3％）である。多くの教師は児童生徒への評価、授業における行為、授業研究などにおける自由裁量権と意思決定権を得たと感じているようである。児童生徒の一番変わったこととして、最も多いのは「仲間との交流、討論の機会が増えた」（59・4％）ことであり、その次は「学習への意欲が高まった」ことと「主体的に学習を進める力が身についた」こと、「独特の見解を述べる回数が増えた」ことである[22]。

つまり、授業において、多くの教師にはカリキュラム開発と授業研究に取り組む主体性が、多くの児童生徒には学習において自らの考えを持ち、それを主体的に表現し、探究し、伝える力が重要であると現場が捉えるようになった。しかし一方で、新しいカリキュラムにおける探究型課程は年間34コマが最低時間数として規定されているものの、年間31コマ以上を実施した学校はわずか25％であり、教師は30・3％に止まっていた。つまり、新しい学力を身につけさせるための探究型課程の普及にはまだまだ時間を要する。

さらに2012年、OECD（経済協力開発機構）が主催したPISA（国際学習状況・到達度調査）によると、上海の15歳の生徒が校外で宿題に費やした時間は平均で週13・8時間であり、65の参加国・地域の中で最も長かったという結果が報告されている。上海の生徒が勉強熱心であると解釈することもできるものの、学習効果を得るために費やされた時間や労力のコストが依然として過大であることがわかる。総じて、「学びの質的向上」と「負担の減少」の両立は、これからも上海にとって立ち向かうべき難題であろう。

（鄭 谷心）

【注】

(1) Andreas Schleicher, OECD, *PISA2015 PISA Results in Focus*, 2018.
(2) 湯林春等編《上海教育科学研究院普通教育研究所30周年学術叢書・シリーズ：上海普通教育科学研究30年》華東師範大学出版社、２０１２年、p. 67。
(3) 従来の選抜型教育への反省から、すべての子どもたちの様々な素質や人間性を育てようとする国の教育方針のことである。
(4) 湯林春等編、前掲書、華東師範大学出版社、pp. 67-68。
(5) 鐘啓泉「学力理論の歴史的発展」『全球教育展望』２００１年12期、pp. 32-39。
(6) 孫元清等著《上海課程改革25年（1988-2013）》上海教育出版社、2016年、pp.18-19。
(7) 前掲書、湯林春等編、華東師範大学出版社、pp. 68-85。
(8) 孫元清「上海市小中学校課程改革的進程、問題和解決方法」『化学教育』２００２年01期、p. 23。
(9) 趙才欣（華東師範大学教授・元上海市教育委員会教学研究室の副主任）「現代課程と教学」上海教育委員会教学研究室、２００３年。
(10) 同右。
(11) 基礎型課程は、共通した基礎・基本的な知識・能力・態度などを育てることを目的とする。
(12) 発展型課程は、個々の児童生徒がもつ個性的な態度・知識・能力を育成することを目的とする。
(13) 小・中学校では「探究型課程」と呼ばれている。探究する方法の基礎・基本を身につけることを目指す。
(14) 《上海普通小中（高）校課程方案》上海教育委員会、２００４年、pp. 3-4。
(15) 同右、p. 5。
(16) 唐楽天等「基於新化学課程標準核心観念課程研究（区級課題）」『黄浦区教師研修学院報告書』２００８年。
(17) 鄭琰「発展科技特色、形成校本課程（一）」上海市虹口区飛虹路小学校、２００５年。
(18) 同右。
(19) 上海教育委員会「上海児童生徒評価手帳（上海学生評価手冊）」１９９９年。
(20) 董念祖「思想品徳測評的内容及其原則」『上海教育』２０００年第3期、p. 12。
(21) 同右、p. 23。

(22) 楊四耕「基於常識与理性的判断——上海二期課改観察報告」『上海教育科研』2006年、p.13。

終章

子どもの幸せと学力の未来を考える

1 各国の取り組みの現在

「はじめに」で示されたように、本書では、「今後」子どもたちが自らの生活と社会を選択的に創り出し、自分たちの「幸せを実現する」能力を形成するために学校では何ができるのかを提示することを目的としていた。ここではまず、各章の内容をふりかえりながら、各国において現在どのような学力が求められ、その育成に向けてどのような取り組みが行われていたのかを確認する。

オーストラリア（第1章）では、1901年の建国以来、各州・直轄区によって独自に教育制度が定められるとともに、学校や教師の有する裁量の大きさを背景として多様な教育活動が展開されていた。そうした中で2008年にメルボルン宣言が発表され、それに基づいて開発されたナショナル・カリキュラムであるオーストラリアン・カリキュラムが2013年より全国的に導入されてきた。このオーストラリアン・カリキュラムは「学習領域」「汎用的能力」「学際的優先事項」の3次元から成るものであり、特に「汎用的能力」には、OECDによるキー・コンピテンシーとの類似性が指摘されていた。ただし、オーストラリアン・カリキュラムには経済成長や国際的な競争力の強化という側面とともに、それへのオルタナティブを提起し、より幅広い視野に立って目指すべき社会像を検討することにつながる側面も見られた。さらに、ＡｕＳＳＩの取り組みの検討を通して、子どもも大人も自身の生活と未来の社会を創造するための主体であり重要な役割を担う一員であるという認識に立ったうえで、そうした主体となり、また、役割を担うために、「持続可能性」を意識しながら既存の社会のあり方や自他の生き方を批判的に検討し、目指すべき姿を模索し、その実現に向けて取り組むという学力の育成を図ることが求められていることが指摘された。さらに、そうした学力の育成に向けた取り組みとして、ホール・スクール・アプローチの導入、学校の裁量や教師の創意工夫を生かせる制度設計などが見られた。

ニュージーランド（第２章）では１９８０年代後半の教育改革によって、中央教育省や教育委員会の有していた権限が可能な限り学校現場に委譲されるとともに、各学校の自主性・自律性を尊重した施策が展開されていた。そうした中で１９９３年以降はナショナル・カリキュラムが導入され、２００７年に発表された現行のナショナル・カリキュラムにおいては、「ビジョン」「原則」「価値」「キー・コンピテンシー」「学習領域」「学習達成目標」が示された。そこでは、例えばビジョンとして「積極的に、他者との関係性を構築し、社会に貢献し、常に学び続ける学習者であること」

が、キー・コンピテンシーとして「考察」「言語、記号、テキストの活用」「自己管理」「他者との関係」「参加と貢献」が挙げられていた。また、2010年以降には段階的にナショナル・スタンダードが導入され、学年ごとに身につけるべき事項が示された。ただし、各学校で実践されるカリキュラムや授業の具体化に際しては、ナショナル・カリキュラムやナショナル・スタンダードの内容をふまえつつも各学校ならびに教師の裁量に委ねられる部分が大きく、子どもの現状をふまえた達成目標が設定されていた。さらに、教師の実践を支えるための取り組みとして、教育省を中心として教師用の評価ツールが開発されたり研修会が開催されたりしているほか、継続的な学力形成を行うための取り組みとして、学校群を形成することで学校種を超えた連携や協働を進めることなどが行われていること、また、各学校の取り組みを振り返り、改善するための仕組みが確立されていることが示された。

カナダ（第3章）もオーストラリアやニュージーランドと同様に、学校や教師の裁量が大きい仕組みを有する国であった。本書で取り上げられたオンタリオ州では、すべての子どもに対する卓越性の保障と公正の追求が強調され、そのための教育の形態としてインクルージョンが掲げられていた。ここでの「公正」とは、移民、低所得階層の子ども、先住民の生徒、男子生徒、特別な支援を要する生徒など低学力の危機にある子どもたちの学力を改善することを意図したものであり、また、学校全体及び各教室での教育活動が生徒とスタッフの多様性を反映し、応答的なものになるよう求めることが「インクルーシブ」の意味するところであった。このオンタリオ州では、グローバル社会においても通用する高次の思考能力や社会情動スキルの向上を図りながらも、それを公正な社会実現に向けて行使する力の形成が学校教育の課題とされていた。すなわち、社会的不平等の是正と社会的正義の実現を目指した学力保障のための取り組みが進められていたのである。第3章ではさらに、その具体的な取り組みの例として、「文化応答的な教授」という理念に基づいて批判的リテラシーの形成を位置づけた取り組みを展開している実践事例が示されるとともに、実践事例の分析をふまえて、学校での学習を知識構築のプロセスとして構想することと、そうした探究のプロセスを社会的正義の実現という社会的文脈に埋め込んで展開していくことが重要であることが指摘された。

韓国（第4章）では、「韓国型未来のキー・コンピテンシー（2011〜2015）」というスローガンを掲げて教育改革が進められてきていた。この「韓国型未来キー・コンピテンシー」は、「知識」「実行能力」「人性」という3つのカテゴリーで分類・整理されていた。また、現在推進されている「文・理系統合型」の新教育課程である「2015改訂教育課程（2017〜2020）」では、「自己管理コンピテンシー」「知識情報処理コンピテンシー」「創意的思考コンピテンシー」「審美的感性コンピテンシー」「コミュニケーションコンピテンシー」「共同体コンピテンシー」の6つのキー・コンピテンシーに基づき、情報社会の中で新しい知識や価値を生み出す人材の育成が目指されていた。こうした学力を有する人材の育成に向けた取り組みに関して、まず、韓国では授業設計において教師の専門性に任せられている側面が大きいという指摘があった。さらに、実践事例の紹介を通して、ペーパーテストとパフォーマンス評価を併用した取り組みが紹介されるとともに、教師にとっての課題の設定や評価のためのツールとして、また、児童自身の学びのためのツールや保護者に対するアカウンタビリティを果たすためのツールとしての役割を果たしているルーブリックの具体像が示された。

中国（第5章）では21世紀に入り、受験での合格を目指す「応試教育」から人間としての豊かさを育む「素質教育」への転換が図られた。こうした教育改革に先立ち、上海では1988年より試験区として素質教育への転換に向けたカリキュラム改革が進められてきた。1998年からの第2期カリキュラム改革では、基礎学力、発展性学力、創造性学力の3層からなる「総合的学力」の育成が目指されていた。基礎学力とは学ぶことを好む態度と基本的な学ぶ能力、構造化した基礎知識のことであり、発展性学力とは児童生徒の学習に対する見通しと独学力・生存力・情動制御力、発展的知識、そして創造性学力とは、イノベーション精神、創造的な思考と実践力、批判的知識のことであった。続いて、こうした学力の育成を目指す具体的な取り組みとして、学校をベースにした探究型課程の実践事例が取り上げられた。そしてさらに、そうした総合的学力の育成を目指したカリキュラム開発とともに、学習効果を把握し、保障し、改善し、説明するための学習評価の改革が必要不可欠なものとして進められるようになった。また、そこでの取り組みの検討を通して、多くの教師にはカリキュラム開発と授業研究に取り組む主体性が高まったこと、多くの児童生徒が学習において自らの考えを持ち、それを主体的に表現し、探究し、伝える力を身につけることの重要性が認識されるようになったこと、新しい学力を身につけさせるための探究型課程の普及にはまだ時間を要する状況であることなどが指摘された。

2 学力の「未来」の方向性と学校教育のあり方

本書のタイトルは、『子どもの幸せを実現する学力と学校』である。では、「子どもの幸せ」とは、誰が、どのようにして決めるものなのだろうか。何をもって「幸せ」とするのだろうか。ここでは、各章の内容もふまえながら、これらの問いについて考えたい。

まず、各国の取り組みの様子からは、オーストラリアの汎用的能力、ニュージーランドのキー・コンピテンシー、カナダの高次の思考能力や社会情動スキル、韓国の韓国型未来キー・コンピテンシー、そして中国の創造性学力というかたちで、本書の序章で示されていた「グローバル・スタンダード」としての能力モデルの主張と軌を同じくする能力の育成が意識されている様子を見てとることができた。

ただし、例えばオーストラリアでは、「持続可能性」を意識しながら既存の社会のあり方や自他の生き方を批判的に検討し、目指すべき姿を模索し、その実現に向けて取り組むという学力の育成を図ることが求められていた。また、カナダでは、公正な社会の実現に向けて必要となる力の形成や社会的不平等の是正と社会的正義の実現を目指した学力保障のための取り組みが進められていた。こうした取り組みからは、「持続可能性」や「公正」、「社会的正義」といった理念を軸にして子どもたちに必要な学力の内実を検討することや、子どもたちにとって必要な学力の中身について、子どもたち一人ひとりが自分自身の生き方や社会のあり方を主体的に選択し、その実現に向けた取り組みに参画できるようにするという側面からも検討することの必要性を見てとることができる。そしてこれは、既存の社会構造にうまく適応し、参入して「成功」を収めることのみを目指すのではなく、「グローバル・スタンダード」を問い直し、多様な背景を持つ子どもたちが必要に応じて社会を変革し、創造することを目指した学力形成と、それを保障する学校教育のあり方を求めるものだと言える。

「幸せ」とは万人にとって一義的に決まるものではない。また、他者から与えられる（あるいは、場合によっては押しつけられる）ものでもない。しかしながら、序章でも示されたように、測定対象とされている学力の内実を充分に問うことなく国内外の学力調査での順位の変動に注目が集まったり、「学力向上」の名の下に学力調査での順位を上げることが目的化したかたちの実践が展開され（ざるを得ない状況が生まれ）たりする例も散見される。これは、学力調査で測定対象とされている学力を身につけることが学習者にとって幸せであるということを前提とすることにつながり得る。

もちろん、「学力向上」を目指した取り組みを行うこと自体は否定されるものではない。しかしながら、そこで向上させようとしている学力の内実が学習者にとって真に重要な意味を持つものでない限り、そしてまた、すべての子どもたち一人ひとりのより良い人生とより良い社会を切り拓くものでない限り、それは既存の多様な格差を維持・拡大したり、そうした格差を生み出す社会構造を再生産したりすることにつながってしまう危険性をはらんでいる。学校教育に関わる者たちがこうした点を意識し、議論を行いながら実践を創造し、展開していくことが求められよう。

ただし、「幸せ」が最終的には学習者一人ひとりによって判断され、追求されるべきものであることに鑑みれば、「なぜ」「何のために」「どのような」学力を保障し、向上させるべきかを、教師や保護者だけでなく子どもたち自身も問えるようにすることが求められる。したがって、子どもたちを自身の人生の主人公として、また、これからの社会をつくる主体として育成するための学校教育のあり方を追求することと、そうした教育活動の質を保障することも求められるのではないだろうか。

3 学力育成のための取り組み

以上をふまえて、最後に、各国の事例をもとにしながら、前項で述べた学力を育成するための取り組みのあり方について検討する。具体的には、授業づくりとカリキュラム編成、学校づくり、そして教育制度の各側面から検討を進める。

授業づくりとカリキュラム編成に関しては、まず、カナダの取り組みに注目したい。

カナダのオンタリオ州では、学校での学習を、確立され固定化された知識を与えるものとしてではなく知識構築のプロセスとして構想するとともに、そうした探究のプロセスを社会的正義の実現という社会的文脈に埋め込んで展開していた。これにより、既存の社会構造の中で優勢を占める知識や価値観を無批判に受け入れ内面化するのではなく、探究を通して自分自身のそれを構築する方途が拓かれると言える。

また、韓国および中国（上海）の例からは、教育評価の果たす役割とその重要性が示唆された。韓国の事例では、ペーパーテストとパフォーマンス評価を併用した取り組みの効果や、学習者、教師、保護者それぞれにとってルーブリックが果たす役割についての指摘がなされた。上海の事例においては、学習効果を把握し、保障し、改善し、説明するための学習評価の改革が必要不可欠なものとして進められていることが挙げられていた。もちろん、テストの形式が従来のペーパーテストに代表される客観テスト式のものからパフォーマンス評価を取り入れたものに変更され、そこで測定される学力の「幅」が広がったとしても、与えられた課題にうまく適応することを是とする学習に終始してしまっては、学習者が既存の社会のあり方を問い直したり、自身の望む人生や社会のあり方を模索したりすることにはつながらないこともあり得る。ただし、それは評価の必要性を後退させるものではない。学習者の実態把握を基にして指導および学習を改善するという教育評価の機能を念頭におけば、教育評価とは学力保障を確実なものとするために不可欠だからである。そしてまた、既存の社会のあり方を問い直し、自身の望む人生や社会のあり方を模索し、その実現に向けて取り組んでいくことを可能にする学力を保障しようとする立場に立つならば、こうした学力の習得状況の把握にとって不可欠なパフォーマンス評価を実践に位置づけることが肝要であろう。

学校づくりについては、オーストラリアのホール・スクール・アプローチの取り組みからの示唆を指摘したい。学校は、そこに関わる児童生徒や教師、保護者などがともに創り上げていくべき1つの社会である。隠れたカリキュラムが児童生徒の人間形成に及ぼす影響を念頭に置くとき、顕在的カリキュラムとして位置づけられる授業やカリキュラムだけではなく、学校づくりや学校の運営のあり方を検討することも重要な意味を持つと言えよう。

教育制度に関しては、オーストラリア、ニュージーランド、およびカナダにおける教育活動の計画と実践に関する学校ならびに教師の裁量の大きさとそれを支える体制の存在を指摘することができる。例えばオーストラリアではＡｕＳＳＩのスタッフによる学校や教師へのサポート体制があり、ニュージーランドでは教育省を中心として評価ツールの開発などが行われていた。また、カナダでは「知識構築」や批判的リテラシーに関する理論枠組みが教師にとって利用可能なものとなっており、それに基づく実践が展開されていた。このように、教師がその力を充分に発揮して多様で豊かな実践を創造することができるようにするための条件をどのように整えるのかということも、子どもたちの学力形成を充実させるためには重要となるだろう。

本書では5か国の事例をもとに検討を進めてきた。しかしながらこれは、他国での取り組みを称賛するためでも、日本における取り組みを否定するためでもない。本書を通して得られた多様な取り組みの方向性を分析視角としながら、学校教育に関わる多様な人々が協働して、ともすれば無意識のうちに「当たり前」にしてしまう日々の実践を相対化し、さらなる可能性を探っていくこと、そしてそれをふまえて学力の育成のための取り組みを進めていくことが肝要であろう。

（木村　裕）

おわりに

学校教育において、子どもたちの学力保障は重要な課題の1つである。ただし、学力の内実は所与のものではなく、学校教育を取り巻く多様な人々の考え方や諸条件によって多様に変化し得るものである。したがって、学校教育に関わる者たちが何を目指してどのような学力の育成を保障することが必要であると考えるのかは重要な課題となる。

この点に関して、本書では、子どもたちの幸せとより良い社会の創造を目指した学力の育成に取り組む学校教育のあり方を模索したいと考えた。ただし、「子どもたちの幸せ」や「より良い社会」のあり方もまた、所与のものではない。したがって、それらのあり方や実現方法についても、子どもたち自身も含めて学校教育に関わる者たちで模索し、協力しながら取り組みを進めていくことが必要になると考えている。

こうした問題意識に立ちながら、本書では、あえて分析視角を統一することなく各執筆者の専門領域や関心に沿って検討を進めた。そのため、必ずしも各国の取り組みの全体像を示せているとは限らず、また、充分に比較可能なかたちで分析を進められてもいない。この点を自覚しつつもあえてこのような形をとったのは、「学力」というテーマに関しては多様なアプローチが可能であることを示したいという思いと、執筆者がなぜその国に注目し、そこからどのような知見を得ようと考えて研究を進めているのかをストレートに表現することを通して、読者の皆様とさらなる議論を深めていきたいという思いがあったためである。

以上のような考えのもとに作成した本書ではあるが、編者の力不足により、充分にその意図が表現できていないかもしれない。また、本書全体の内容に関しても、各章の内容に関しても、検討できていない側面や意識できていない視点が多々あることと思われる。読者の皆様からのご批正を仰ぎたく思うとともに、子どもたちの幸せとより良い社会の創造を目指した学校教育の実現に向けて力を合わせて取り組んでいきたいと考える次第である。

なお、本書は、オセアニア教育学会の研究推進委員会（２０１６～２０１８年度）での取り組みの成果をもとにしたものであり、出版にあたっては当学会からの助成も受けた。オセアニア地域の教育に関する研究活動を進める会員から成るオセアニア教育学会において、知識も経験も充分ではない編者たちに貴重な機会を与えてくださるとともに、学会員以外のメンバーも含めた研究計画を後押ししてくださった当時の馬渕仁会長ならびに理事の皆様、そして、学会員の皆様のご理解とご支援なくしては、この企画を進めることはできなかった。心より、感謝を申し上げたい。
また、本書の刊行に際しては、学事出版株式会社の二井豪氏に多大なる労をとっていただいた。この場を借りて、心より御礼を申し上げる次第である。

２０１９年５月

木村　裕

【執筆者紹介】

［編者、第１章・終章・おわりに］

木村　裕（きむら・ゆたか）

滋賀県立大学人間文化学部准教授

京都大学大学院教育学研究科教育科学専攻博士後期課程学修認定退学。博士（教育学）。

主著：『オーストラリアのグローバル教育の理論と実践－開発教育研究の継承と新たな展開』東信堂、2014年(単著)。『教師をめざす学びのハンドブック－教職入門から教職実践演習まで』かもがわ出版、2019年（共著)。『環境教育学－社会的公正と存在の豊かさを求めて』法律文化社、2012年（共著)。

［編者、はじめに・序章・第３章］

竹川　慎哉（たけかわ・しんや）

愛知教育大学教育学部准教授

名古屋大学大学院教育発達科学研究科修了。博士（教育学)。

主著：『批判的リテラシーの教育―オーストラリア・アメリカにおける現実と課題―』明石書店、2010年（単著)。『教科と総合の教育方法・技術』学文社、2019年（共著)。The SAGE Handbook of Curriculum, Pedagogy and Assessment, SAGE Publisher, 2016（共著)。

［第２章］

高橋　望（たかはし・のぞむ）

群馬大学大学院教育学研究科准教授

東北大学大学院教育学研究科博士課程修了。博士（教育学)。

主著：『新・教育制度論』ミネルヴァ書房、2014年(共著)。『学校法』学文社、2017年(共著)。『新版　オーストラリア・ニュージーランドの教育』東信堂、2013年（共著)。

［第４章］

趙　卿我（ちょう・ぎょんあ）

愛知教育大学教育学部准教授

京都大学大学院教育学研究科教育科学専攻博士後期課程修了。博士（教育学)。

主著：『グローバル化時代の教育評価改革』日本標準、2016年（共著)。『教科と総合の教育方法・技術』学文社、2019年（共著)。

［第５章］

鄭　谷心（てい・こくしん）

琉球大学教育学部講師

京都大学大学院教育学研究科教育科学専攻博士後期課程修了。博士（教育学)。

主著：『近代中国における国語教育改革』日本標準、2017年（単著)。『学校教育ではぐくむ資質・能力を評価する』図書文化、2019年（共著)。

子どもの幸せを実現する学力と学校

――オーストラリア・ニュージーランド・カナダ・韓国・中国の「新たな学力」への対応から考える

2019年7月22日　初版発行

編著者　木村　裕・竹川慎哉
発行人　安部　英行
発行所　学事出版株式会社
〒101-0021
東京都千代田区外神田2-2-3
電話　03-3255-5471
HPアドレス　http://www.gakuji.co.jp/

編集担当　二井　豪
デザイン　田口亜子
制作協力　上田　宙（烏有書林）
印刷・製本　電算印刷株式会社

乱丁・落丁本はお取り替えします。

ISBN 978-4-7619-2514-7　C3037　Printed in Japan